# そば屋の新しいつまみ137品

旭屋出版

# そば屋の新しいつまみ137品

contents

## はじめに

いま、そば店のつまみ料理が進化しています。
フォアグラや馬肉といった
新しい素材を使うそば店も登場しています。
新しい味づくりに挑戦して、
そば店のつまみ料理の魅力を広げ、
ファンを掴む店が増えています。
定番のつまみ料理を独自にアレンジし、
新しいおいしさを工夫した一品や
従来にない新発想で生み出した斬新な一品など、
人気店の「新しいつまみ」137品のレシピを紹介。
そば店らしさを活かした味づくり、
そば屋酒が楽しくなる器づかいや
盛り付けなどの手法も注目です。

■本書のご利用にあたって

- 本書で紹介しているお店の情報、メニューの内容、価格などは、2016年1月現在のものです。
- メニューの中には季節メニューなども含まれており、常に提供しているとは限りません。
- 本書は「そば・うどん店の新メニュー開発教本」「そば・うどん繁盛BOOK　第16集」（小社刊）で紹介した内容を新たに再編集したメニューが一部登場します。
- 材料の分量の「1皿分」は必ずしも1人分ではありません。また、「適量」「少々」とあるものは様子を見ながら加減してください。
- 調理時間や加熱温度などは、各店で使用している機器を使った場合のものです。


手打ち蕎麦　銀杏　5

紅の雫（とまとのお浸し）　6／レシピ161
ぽてとさらだ　7／レシピ161
銀杏のまかない豆富　8／レシピ162
夏野菜のジュレ　9／レシピ162
加茂茄子の田楽　10／レシピ162
穴子の煮凍り　11／レシピ163
冷製アサリの酒蒸し　12／レシピ163
合鴨の治部煮　14／レシピ163
鳥焼き　15／レシピ164
牡蠣のステーキ　16／レシピ164
牡蠣の天ぷら　17／レシピ164
かき揚げ天　18／レシピ165
旬野菜の天ぷら　19／レシピ165

手繰りや　玄治　20

焼き茄子の生ハム巻き　21／レシピ165
焼玉葱の丸ごとポン酢　22／レシピ166
いろいろ茸のみぞれ酢和え　23／レシピ166
新じゃがの唐揚げ　24／レシピ166
蛸の南蛮漬　25／レシピ167
若鶏の岩塩焼き　26／レシピ167
おつまみ鶏チャーシュー　27／レシピ167
大根ステーキフォアグラのせ　28／レシピ168
そばがきフォアグラ　29／レシピ168
馬タンステーキ　30／レシピ168
ふぐの天婦羅　31／レシピ169
北海天婦羅　32／レシピ169

## 季節の料理と手打ちそば　ふく花　33

酒蒸野菜の和風バーニャ　34／レシピ169
アボカドホタテマヨしょう油焼　35／レシピ170
かものかえしあえ　36／レシピ170
だしオムレツ　37／レシピ170
酒粕チーズ　38／レシピ171
日向鶏のレバーパテ　39／レシピ171
そばパテ・ド・カンパーニュ　40／レシピ171
ふく花風蕎麦がき　41／レシピ172
東中神そばコロッケ　42／レシピ172
東中神そばクリームコロッケ　43／レシピ172
とろとろ軟骨煮込み　44／レシピ173
豚テールと豚タンのなんちゃってデミグラス煮
45／レシピ173
そばの実リゾット　46／レシピ174
拝島ネギ天　47／レシピ174
サーモンクリーム天　48／レシピ174

## 十割蕎麦　やまなか　49

蜆にんにく醤油漬　50／レシピ175
菊芋いづみ橋味噌漬　51／レシピ175
凍みこんにゃく旨煮　52／レシピ175
梅山葵クリーミーチーズ　53／レシピ176
鯖千鳥酢 卯の花あえ　54／レシピ176
伊賀有機青菜のじゃこおかか和え　55／レシピ176
北海道　秋刀魚梅煮　56／レシピ177
伊勢浅蜊ときのこの酒蒸　57／レシピ177
白子昆布焼　58／レシピ177
鯛煎餅　59／レシピ178
エビ芋の旨煮揚　60／レシピ178

## 素料理と手打そば　あかつき　61

アボカドとキムチ　胡麻ラー油和え　62／レシピ178
カニ味噌チーズといぶりがっこ　63／レシピ179
バジル風味の焼き味噌　64／レシピ179
そば屋のグラタン（スープグラタン風）　65／レシピ179
ふろふき大根の唐揚げ　66／レシピ180
オリーブとバジルのさつまあげ　67／レシピ180
白菜つみれとせりの小鍋　68／レシピ180
柚子香るカニ柚豆富　70／レシピ181
自家製ベーコンと野菜のせいろ蒸し　71／レシピ181
鶏とアボカドの天ぷら　納豆ポン酢かけ
72／レシピ181
納豆稲荷揚げ　73／レシピ182

## 手打蕎麦　笑日志　74

カモネギ蕎麦チヂミ　75／レシピ182
そばがきの蒲焼き　76／レシピ182
そばがき（粗挽き粒）　77／レシピ183
蕎麦サラダ（田舎・粗挽きの板蕎麦入り）
78／レシピ183
田舎あげ焼き　79／レシピ183
みょうが炙り焼き　80／レシピ184
ピーマンのおかか和え　81／レシピ184
鴨はつ焼き　82／レシピ184
カマンベールの天ぷら　83／レシピ185
天ぷら盛り合わせ　84／レシピ185

## 蕎麦　ろうじな　85

明太子と青ジソの生湯葉巻き　86／レシピ185
ゆば豆腐　87／レシピ186
自家製きゅうりのカリカリ漬け　88／レシピ186
自家製かもみそのあぶり　89／レシピ186
鴨肉のステーキ　90／レシピ187
かもの生ハム　91／レシピ187
そばがき　92／レシピ187
海老芋の唐揚げ　93／レシピ188
蕎麦屋のとり天　94／レシピ188

幸町　満留賀　95

そば屋の牛すじ煮enami　96／レシピ188
そば屋の牡蠣フライ　97／レシピ189
そばがきの鴨煮汁　98／レシピ189
そばがきの磯部揚げ　99／レシピ189
そばの薩摩揚げ　100／レシピ190
そば屋のお新香　101／レシピ190
和風ピクルス　102／レシピ190
３種のお浸し　103／レシピ191
仕上げのさらさら飯　104／レシピ191
舞茸の蕎麦粉天ぷら　105／レシピ191

蕎麦切　森の　106

落花生の旨煮　107／レシピ192
無花果の胡麻酢味噌　108／レシピ192
木の実の焼きみそ　109／レシピ192
蕪のサラダ　110／レシピ193
海老芋のから揚げ蟹葛かけ　111／レシピ193
鴨団子の土瓶蒸し　112／レシピ193
子持ち鮎の焼浸　113／レシピ194
牡蠣のオイル漬け　114／レシピ194
牡蠣しんじょ　115／レシピ194
牡蠣の田楽　116／レシピ195
季節の天ぷら（牡蠣と白子の天ぷら）　118／レシピ195

松郷庵　甚五郎　120

とろーりチーズのそば粉揚げ　121／レシピ196
若鶏のそば粉揚げ　122／レシピ196
山芋唐揚　123／レシピ196
生ゆば春巻き　124／レシピ197
若鶏のみぞれ煮　125／レシピ197
牛柳川風　126／レシピ197
香り豚の角煮　127／レシピ198
西京味噌床でつけた漬物　128／レシピ198
三種のきのこの天ぷら　129／レシピ198
川越芋の天ぷら　130／レシピ199

つけ蕎麦　KATSURA　131

きのこのそば粉ピザ　132／レシピ199
かもチャーシュー　134／レシピ200
かもロース　135／レシピ200
焼きそばがきのブルーチーズみそ田楽　136／レシピ200
そばがきの揚げだし　137／レシピ201
きのこと野菜の天ぷら　138／レシピ201

手打ち蕎麦　さかい　139

鳥くわ焼き　140／レシピ201
生かきフライ　141／レシピ202
抜きおろし　142／レシピ202
横浜産ねぎとタコの酢みそ和え　143／レシピ202
春菊ときのこのナッツ白和え　144／レシピ203
豆腐とかぶのあんかけ　145／レシピ203
ちりめんじゃこ天ぷら　146／レシピ203
ごぼう天　147／レシピ204

石臼挽き手打　蕎楽亭　148

コンニャク田楽　149／レシピ204
煮穴子　150／レシピ204
穴子の肝の佃煮　151／レシピ205
おひたし　152／レシピ205
味噌きゅうり　153／レシピ205
煮湯葉玉子とじ　154／レシピ205
こづゆ（会津料理）　155／レシピ206
肉豆腐　156／レシピ206
牛スジ煮込　157／レシピ206
天ぷら（才巻二本・穴子・野菜三品）　158／レシピ207
季節の天ぷら（白子・ワカサギ・野菜三品）
160／レシピ207

東京・大島

# 手打ち蕎麦　銀杏

## 旬の素材を使った独自商品で遠方からの目的客を集める

東京の下町の住宅街で目的客を中心に支持を集めている人気店。もともと町場のそば店だったが、平成16年にリニューアル。立地を考慮し、わざわざ通いたくなる特徴的なそばとつまみ料理を提供するようにしたところ、口コミでの集客に成功。そばは店主の田中栄作氏、料理と酒類の選定は女将の政江さんが担当し、夫婦で店を切り盛りする。そば、料理とも他店では食べられないオリジナル商品にこだわっており、原価や手間などからメニュー作りを考えるのではなく、最もよい素材を徹底して探して仕入れ、素材を最も引き立てる調理法を工夫して商品化する。また、季節ごとに訪れてもらえるように旬の食材を積極的に取り入れることで、お客の来店機会を増やしている。日本酒の品揃えにも注力し、季節ごとに特徴のあるものを導入。最近では香りを楽しんでもらいたいと、ワイングラスでの提供をすすめる。

| | |
|---|---|
| 住所 | 東京都江東区大島2-15-3 |
| TEL | 03-3681-9962 |
| 営業時間 | 11時30分～14時30分、18時～21時30分 |
| 定休日 | 月曜・火曜日 |

店主　田中栄作氏　政江さん

店のお客でもあったイラストレーターにお願いし、イラスト入りのメニューブックを作成。目で楽しみながらメニューを選んでもらう。

日本酒は定番ものに加え、ひやおろしなど季節のものを充実。なかなか他で飲めないような珍しい酒も揃う。女将の政江さんがしっかりとチェックし、味わいの特徴をイラスト入りのメニュー表で紹介し、お客の興味をそそる。

季節ごとに特徴的なオリジナルそばを提供し、季節の名物として目的客を集める。写真は夏期の「紅の雫（とまとそば）」1500円（税抜）。具材は「紅の雫（とまとのお浸し）」と共通で、ロス防止にも役立てる。

## 紅の雫（とまとのお浸し）

かけ汁に漬け込んだトマトを丸ごと１個使った〝冷やしトマト〟。甘みの強い桃太郎トマトを使用し、かけ汁にニンニクを加え、揚げた千寿ネギをトッピングすることで、深みのある味わいに。同じトマトを使った冷かけそばも提供し、ともに夏の名物として人気を集めている。

▶売価：900円（税抜）▶提供時期：6月～8月

## ぽてとさらだ

家庭料理でも人気のポテトサラダに、そば店らしく揚げたそばの実をのせて食感と香りをプラス。キュウリや人参は生のまま使用し、ジャガイモやベーコンの余熱で火を通すことでほどよい食感に。卵アレルギーに配慮して卵を使わず、生クリームと牛乳でコクを出す。

▶売価:650円(税抜)　▶提供時期:通年

## 銀杏のまかない豆冨

豆腐にカツオ節や揚げ玉、ミョウガなどたっぷりの薬味をのせ、コクのあるだしをかけた人気のつまみ。女将のまかないをもとに開発し、スピード提供も好評だ。豆腐店から仕入れる濃い味わいの豆腐、京都から取り寄せの湯葉用のだし、自家製の揚げ玉で魅力を高める。

▶売価：500円（税抜）　▶提供時期：通年

## 夏野菜のジュレ

ゼラチンでジュレ状に固めた和風だしとナス、オクラとミョウガを和えたサラダ風の一品。ナスの揚げ浸しをヒントに開発した。ナスは一度揚げることで味が染み込みやすく、旨みと食べ応えもアップ。和風だしには生姜を加え、夏向けのすっきりした味わいに。

▸売価：900円(税抜)　▸提供時期：6月～8月

## 加茂茄子の田楽

白味噌に練りゴマやかけ汁を加え、濃厚な味ながら夏向けの涼しげな色に仕上げたナス田楽。ナスは肉質がしっかりして、淡白な味わいの加茂ナスを使用。濃厚な旨みのあるぷっくりしたナスの真ん中部分のみを使い、厚く輪切りにして存在感を出す。

▶売価:800円(税抜)　▶提供時期:6月～8月

# 穴子の煮凍り

活けの穴子を使い手間暇かけて仕込む名物メニュー。仕込みは時間がかかるが、作り置きができてスピード提供が可能。穴子は臭みが出ないように下処理をしっかり行ない、針生姜とともに薄口醤油ベースで煮込み、ゼラチンを加えて冷やし固める。季節の飾りを添えて提供する。

▶売価：1250円（税抜）　▶提供時期：通年

## 冷製アサリの酒蒸し

夏向けに開発した、ひんやり冷やした状態で提供するアサリの酒蒸し。貝が浸るようにたっぷりの日本酒とかけ汁で酒蒸しし、そのまま貝が空気に触れないよう蒸し汁ごと冷蔵保存。貝の旨みが溶け込んだ汁もたっぷり添えて楽しんでもらう。

▶売価:1250円(税抜)　▶提供時期:6月〜8月

# 合鴨の治部煮

合鴨肉の薄切りに片栗粉を打ち、もり汁でさっと煮込んで提供。片栗粉がほどよいとろみとなり、寒い時期にぴったり。合鴨肉は注文ごとにカットして軽く煮込むことでやわらかく、ロスも防ぐ。濃厚な味わいのつゆとベストマッチなマッシュポテトを添える。

▶売価：1250円(税抜)　▶提供時期：秋・冬

# 鳥焼き

相性のよい鶏肉とネギを組み合わせた、シンプルな炒め物。ネギは、甘くて火の通りが早い千寿ネギを使用。たっぷりのゴマ油で鶏肉の両面を焼き、千寿ネギを加えて炒める。千寿ネギが鶏肉の旨みが出たゴマ油を吸い込み、おいしさを増してくれる。

▶売価：1200円（税抜）　▶提供時期：通年

## 牡蠣のステーキ

必ず注文するというファン客も多い人気商品。大ぶりの牡蠣に小麦粉を打ち、フライパンでカリッと焼き上げる。塩、胡椒、ハーブミックスでシンプルに調味。牡蠣と相性のよいネギを組み合わせ、甘みの強い「白美人ねぎ」は加熱、歯触りのよい奴ネギは生で使用する。

▶売価：1600円（税抜）
▶提供時期：10月初め～2月末

## 牡蠣の天ぷら

牡蠣は火入れしても身の縮みが少ないものを厳選しており、主に岩手県広田湾産の牡蠣を使用。原価率は45%のサービス商品だ。牡蠣は他の食材より汁気が出てべちゃっとしやすいので、175℃の油でしっかり時間をかけて揚げ、引き上げ時に上下に振ってしっかり油を切る。

- 売価：1600円（税抜）
- 提供時期：10月初め～ 2月末

# かき揚げ天

見た目は普通のかき揚げだが、ひと口大のかき揚げをこんもりと重ねて盛り付けたユニークな一品。女性でも食べやすいようにと考慮してこの提供法に。生地を薄く広げて揚げるため、全体がサクッと軽く仕上がる。具材はシンプルに釜揚げ桜エビと軸三つ葉を使用する。

▶売価：1100円(税抜)　▶提供時期：通年

## 旬野菜の天ぷら

旬の素材を積極的に使い、15種類以上の野菜類を組み込んだ天ぷら盛り合わせ。取材時は秋の一例で、ムカゴや大シメジ、安納イモなどを使用。かための天ぷら衣を薄めにつけて揚げることでカラッと仕上げ、食材の色が衣から透けて見た目にも映える。藻塩をふって提供する。

▶売価：1400円（税抜）　▶提供時期：通年

東京・久米川

# 手繰《たぐ》りや 玄治

## 日本料理の経験を活かした<br>アイデア豊かな料理が好評

飲食店経験30年以上、日本料理の経験もある店主の愛甲撤郎氏が開業した自家製粉の手打ちそば店。季節感を取り入れたそば、つまみ料理が好評で、地元客から遠方よりの目的客まで幅広く集客する。つまみ類は原価率20%、提供時間５分を目安に開発。旬の素材を取り入れながら季節ごとに新メニューを導入し、常連客を飽きさせない。最近は野菜を好むお客が多く、お浸しなど野菜をメインにしたメニューも充実。味のベースにかえしやだしを使い、そば店らしさを打ち出しながら、馬肉やワニ肉といった斬新な食材も取り入れ、ファン客の支持を掴んでいる。また、人気の高い天ぷらは、原価をかけ価格設定を下げることで集客のフックに。夜のお客はほとんどが酒客で、特に日本酒が多く出る。店側で手間のかからない日本酒も、もうけを考えず原価率40%で価格を設定し、お客をひきつけるアイテムの一つに。

季節ごとに旬の食材を使ったそば・うどんメニューを提供して好評だ。写真は冬期に提供する大ぶりの寒シジミを使った「しじみ蕎麦」1000円（税抜）。酒のしめに注文する人が多い人気商品だ。

つまみ料理を豊富に揃え、彩り豊かなＰＯＰでアピール。注文しやすい手頃な価格設定で、仕込み置きを徹底し、スピード提供を心掛ける。

店主　愛甲撤郎氏

日本酒は純米吟醸の辛口を基本に10種類ほど提供。複数の酒屋から意見を聞きながら好みが偏らないように揃える。定番は2～3種類で、季節の酒を中心に用意。

| | |
|---|---|
| 住所 | 東京都東村山市栄町2-38-2<br>寿ビル1F |
| TEL | 042-398-5833 |
| 営業時間 | 11時～19時30分、月曜日11時～15時 |
| 定休日 | 火曜日 |

# 焼き茄子の生ハム巻き

皮をむいた焼きナスをかけ汁ベースのだしで味付けし、生ハムで巻いた冷菜。焼きナスの味わいと香ばしい香り、生ハムの塩気がベストバランス。素材の味を活かすため、かけ汁は水で割り薄味に仕上げた。仕上げ直前まで仕込み置きができるので、スピード提供が可能。

▸ 売価:600円(税抜)　▸ 提供時期:秋

# 焼玉葱の丸ごとポン酢

玉ネギを丸ごと１個使った、見た目にも豪快な一品。最近、健康を気遣う人が増えており、人気メニューに。玉ネギは直火で表面に焦げ目をつけて香り付けした後、中までやわらかくなるまで電子レンジなどで加熱。ポン酢で調味し、カツオ節や海苔などをかけて提供。

▶売価：400円（税抜）　▶提供時期：通年

# いろいろ茸の
# みぞれ酢和え

旬のキノコ類を使ったお浸しに、大根おろしと土佐酢を組み合わせてさらにさっぱりと提供。お浸しは同店で人気が高い定番料理で、季節ごとの旬の食材を使うことで魅力をアップ。かけ汁を活用しただしでキノコ類を軽く煮た後に冷まして保存しておき、注文後は素早く提供。

▶売価：400円（税抜）　▶提供時期：秋

# 新じゃがの唐揚げ

定番ながら注文ごとに揚げ、相性のよいカレー塩を添えることで魅力を高め、人気を掴んでいるジャガイモの揚げ物。ジャガイモの鮮度を保つため、泥付きのまま保存し、注文ごとに洗ってカット。ホクホクした食感の男爵イモで、できるだけ新ジャガイモを使用。

▶売価：400円（税抜）　▶提供時期：通年

# 蛸の南蛮漬

注文ごとに揚げたタコの揚げ物を、酸味を抑えた南蛮酢で和えてさっと提供する即席の南蛮漬け。カリッとした食感を残しながら、さっぱりと食べられると好評だ。南蛮酢は野菜を漬け込んだ状態で作り置きし、タコは衣付けした状態で冷凍しておくと、スピード提供も可能。

▶売価：500円（税抜）　▶提供時期：通年

## 若鶏の岩塩焼き

コンフィの手法で低温のラードで揚げておいた鶏モモ肉を、注文ごとに温めて素早く提供。コンフィにすることで身はしっとり、皮はパリッと仕上がり、保存性も高まる。素材の味を味わってもらうため、塩、黒胡椒でシンプルに味付けし、柚子胡椒やレモンを添える。

▶売価：900円（税抜）　▶提供時期：通年

## おつまみ鶏チャーシュー

鶏肉を蒸してやわらかく仕上げた一品。下味にはそば用のかえしと中華調味料を使い、そば店らしくそばやうどんとも相性がよく、コクのある味わいを作り出す。作り置きができるので、カットするだけでスピード提供が可能。めんメニューのトッピングにも活用できる。

▶売価:400円(税抜)　▶提供時期:通年

## 大根ステーキフォアグラのせ

あっさりとした大根と、濃厚なフォアグラという相性のよい組み合わせ。そば店らしくかえしを調味に使用し、比較的すっきりとした味わいに仕上げる。大根はやわらかくなるまで下煮し、かけ汁で味を入れて保存。注文ごとに大根とフォアグラをそれぞれ焼き、盛り合わせる。

▶売価：1000円（税抜）　▶提供時期：冬

## そばがきフォアグラ

熟練の技でタイミングよく仕上げる同店のそばがきは、手挽きのそば粉の香りとふわふわの食感が魅力。そこにソテーしたハンガリー産のフォアグラを組み合わせ、濃厚な旨みを加えた付加価値メニューだ。バターなどの油は使わず、フォアグラとかえしのみで炒めており、フォアグラの脂とかえしがからまり、風味抜群のソースとなる。予約を受けて提供する。

▶売価：1500円（税抜）　▶提供時期：通年

## 馬タンステーキ

ご馳走感のある焼肉やステーキは、独自性を出すのが難しいメニューでもあるが、ヘルシーな馬肉の、さらには一頭からごく少量しか取れない馬タンを使用することで、意外性を打ち出した一品。生玉ネギを使い、醤油風味に仕上げたタレが旨みの濃い馬タンとマッチし、満足感の高い味に。

- 売価：1200円（税抜）
- 提供時期：1月、2月、11月

## ふぐの天婦羅

内臓などを取り除いた状態で流通する、資格がなくとも扱える身欠きフグを活用した天ぷら。冬名物の高級食材が手頃な価格で楽しめると、お客から好評の一品だ。小ぶりなフグを店で三枚におろし、注文ごとに衣付けして揚げる。原価率は30%台。

▶売価：700円（税抜）　▶提供時期：12月〜2月

## 北海天婦羅

季節ごとに旬の素材を組み合わせた天ぷらを盛り合わせで提供し人気を集める。写真は冬バージョンで、牡蠣やホタテ貝、シシャモなど北の海の幸が満載で10種類以上を盛り込み特徴化。具材はその他、スケトウダラ、メゴチ、ミニトマトなど。

▶売価：900円（税抜）　▶提供時期：11月〜2月

東京・東中神

# 季節の料理と手打ちそば　ふく花

## 日本酒をおいしく飲むための独創的な酒肴とそばを魅力に

そば店で飲む日本酒の旨さを探求し、日本酒に合うつまみ料理の開発に余念のない店主の野沢浩一郎氏。フレンチや居酒屋など様々な業種で研讃を積んできただけに、バーニャカウダやパテ、リエットなど、ビストロかと見紛う一品もあるが、あくまでもそば店の本質を守り、そばのだしやかえしを利用して、日本酒へ寄せて味づくりをする。ベースがきちんと守られているため、店主がほれ込む岩手・釜石の地酒「浜千鳥」をはじめ、日本酒との相性は抜群。調理はほぼ店主一人で賄うため、素早く提供できる仕込みも工夫する。しめのそばには、シジミの濃厚なだしが効いた味噌仕立てのつけそばや、カシューナッツのコクで食べさせるつけそばなど新味も多く、そば店で一杯になれた年配客だけでなく、女性の一人客も掴む。そば×日本酒、そば×チーズなど、そばの魅力を広げるイベントも定期的に開催して好評だ。

| | |
|---|---|
| 住所 | 東京都昭島市玉川町1-3-1-117 |
| TEL | 042-546-2917 |
| 営業時間 | 17時～23時（L.O.22時30分） |
| 定休日 | 水曜日・第1火曜日 |

酒蒸しにした巨大なシジミの蒸し汁も使った「味噌かえし」をつけ汁にする「しじみつけそば」1100円（税込）。酒のあとのしめにもぴったり。太白ゴマ油をたらし、コクのある汁に作っている。

店主　野沢浩一郎氏

震災後、店主が応援している岩手・釜石の「浜千鳥」は、純米や山廃純米、純米吟醸の３種類を揃える。栃木の「澤姫」、愛知の「蓬莱泉」など、その時々のおすすめの日本酒も用意。

## 酒蒸野菜の和風バーニャ

野菜がたっぷり食べられると、特に女性客に好評。紫イモや赤大根、オレンジカリフラワーなど色鮮やかな野菜を主体に10種類前後を使用する。火の入りにくい根菜類は電子レンジにかけ、葉物は火にかける時に加える。野菜が水っぽくならによう酒だけで蒸し、だしを加えたバーニャソースですすめる。

▶売価：750円（税込）　▶提供時期：冬

## アボカドホタテマヨしょう油焼

とろりとやわらかいアボカドがソースのようにホタテにからみ、濃厚な味わいを作り出す。さらにこんがり焼いたパン粉のサクッとした歯触りがクリーミーさをより引き立てる創作メニュー。味の決め手は自家製のマヨネーズで、これも薄口醤油や味噌を加えた和風仕立て。

▶売価:650円(税込)　▶提供時期:夏

## かものかえしあえ

鴨南蛮用の鴨肉をつまみ料理にも活用。旨みの強いモモ肉に塩、胡椒してサラマンダーでミディアム程度に焼いてスライス。この状態で冷蔵しておき、注文が入ったら盛り付け、かえしを塗って提供する。鴨肉に存在感があるため、シンプルな仕立てでも満足感が高い。

▶売価：650円（税込）　▶提供時期：通年

## だしオムレツ

ふんわりオムレツに、昆布とカツオ節のだしが効いた八方あんをたっぷりかけて提供。なめらかなあんで口当たりよく食べられるため、もう少し何か食べたいというお客に好評だ。卵は「イーハトーブの元気卵」を使用。だしや調味料を最小限に抑え、卵のおいしさを存分に味わってもらう。

▶売価：580円（税込）　▶提供時期：通年

# 酒粕チーズ

"そば味噌" のようななめ味噌感覚の酒肴。芳醇な香りを持つ「浜千鳥」大吟醸の酒粕を使い、クリームチーズと練り合わせる手軽さだが、混ぜ込むアーモンドとカシューナッツのつぶつぶ感がクセになり、酒がすすむ。仕込み時に１皿分ごと小分けしておくので、素早く提供できる。

▶売価:450円(税込)　▶提供時期:通年

## 日向鶏のレバーパテ

レバー特有の風味に甘みをしっかり加え、なめらかで濃厚な味に。レバーは脂と血管を丁寧に取り除き、酢を加えた湯で下茹ですることでクセをきっちり取る。和だしを使いつつ、レバーの風味に合うウィスキーを加える。さらに、バターもたっぷり使ってまろやかに。さっぱり系の多いそば店のメニューに変化がつけられる一品。

▶売価：600円（税込）　▶提供時期：通年

## そばパテ・ド・カンパーニュ

注目度の高いパテ・ド・カンパーニュをアレンジした“そば屋のパテカン”。そば粉は信州産の挽きぐるみ。この香りを活かすため、そばがきは火を入れすぎず、かけ汁とともに練る。豚バラ肉は塊を使い、塩・黒胡椒をもみ込んで、ひと晩寝かせる。そばの風味を残すため、黒胡椒は最小限に。湯煎でじっくり火を通し、冷まして完成。寝かせるほどおいしさが増す。

▶コースの一品　▶提供時期：不定期

## ふく花風蕎麦がき

そばの香りがストレートに楽しめると人気のそばがきを、熱々の八方あんですすめる。あんをからめることで、ねっとりとしたそばがきが食べやすく、酒肴としての価値も高めた。八方あんは他のメニューにも使うため、仕込み時に用意。刻み海苔とネギ、ワサビの薬味で香りを添える。

▶売価:950円(税込)　▶提供時期:通年

# 左：東中神そばコロッケ<br>右：東中神そばクリームコロッケ

茹でたそばを具にしたコロッケ２種。「そばコロッケ」はそばをジャガイモのように使い、合挽き肉とネギを合わせてコロッケに。肉の量が多く、メンチカツのような満足感がある。一方の「クリームコロッケ」はだしと酒を加えて作るベシャメルソースに特徴がある。和の味づくりでそばとの相性を考慮した。

▶売価：各250円(税込)　▶提供時期：通年

残ったそばも活用でき、冷凍保存も可能。肉肉しい「そばコロッケ」（左）は醤油で、まろやかな「そばクリームコロッケ」（右）はソースを添える。

## とろとろ軟骨煮込み

〝モツ煮込み〟を豚のノド軟骨で作り、軟骨のコリコリ感、骨まわりのとろとろ感が楽しめる煮込みに。和風だしに日本酒、水、塩、ニンニク、生姜とシンプルな仕立てだが、軟骨から出てくる旨みがたっぷり溶け込んでいるので、汁まで飲み干せる。浮いてくるアクや脂を丁寧に取り除くことでさっぱりと仕上がる。

▶売価：650円(税込)　▶提供時期：通年

# 豚テールと豚タンの なんちゃってデミグラス煮

〝なんちゃって〟のネーミング通り、レシピには八丁味噌や田舎味噌、日本酒、味醂と、洋食とはほど遠い調味料が並ぶ。ところがその味わいはデミグラスソースそのものと驚くお客も多い。やわらかく茹でた豚のテールとタンにこのソースをからめて提供する。

▶売価：900円（税込）　▶提供時期：冬

## そばの実リゾット

プチプチとしたそばの実の食感を活かしてアルデンテで仕上げるリゾットに。チーズやベーコンのコクが加わって、見た目より濃厚な味わい。もともと同店で催された「チーズの会」をきっかけに開発されたメニューで、現在ではコース料理に組み込んでいる。

▸コースの一品　▸提供時期:不定期

## 拝島ネギ天

地元・昭島の特産野菜「拝島ネギ」を天ぷらに。生産農家が少なく、11月中頃から年明けまでしか出回らない希少性の高い野菜だが、火を入れるとぐっと甘みが増し、身もとろりとやわらかくなり、天ぷらに最適。毎年時期になるとこの天ぷらを楽しみに来店するお客も多い。

▶売価:500円(税込)　▶提供時期:12月～２月

## サーモンクリーム天

コロッケならよく目にするが、天ぷらはなかなかないとサーモンを混ぜたクリームを天ぷらにしたところ好評でメニューに定着。サーモンクリームは冷凍しておくと扱いやすく、注文が入ったら冷凍のまま衣を通して天ぷらに。ベシャメルソースはコロッケにも活用。塩ですすめる。

▶売価：600円（税込）　▶提供時期：不定期

大阪・阿倍野

# 十割蕎麦 やまなか

## 日本酒とつまみのマリアージュを楽しませる酒屋が営むそば店

日本酒専門店『山中酒の店』が経営する人気店。夜の営業を基本とし、そばがメインのランチは週末のみ。それゆえ、つまみ料理は豊富で、手の込んだものばかりを揃える。お客も酒を含めたおまかせの注文が多く、コース仕立てで前菜からメイン、しめのそばまで、酒とつまみ料理のマリアージュを楽しんでいるのが特徴だ。また、その日の仕入れごとにメニューを変えているため、訪れる度に新しい料理と出会える楽しみもある。酒は日本酒を中心にし、「料理も日本酒に合うものを考案しています」と店長の平岡元子氏は話す。そば粉はもちろん、調味料も味噌をはじめ、どれも昔ながらの製法を大切にしたものばかりと細部へのこだわりも強い。懐かしい味わいながら新しさも感じさせるつまみ料理が評判。十割そばは様々なつまみ料理を楽しんだ後、しめでもしっかりと味わいが感じられるように太めに打つ。

そばの香りや甘みがしっかりと感じられるよう十割そばにこだわる。写真は「もりそば」800円（税込）。塩で食べることもおすすめし、岩塩、ピンクソルト、ブラックソルト、ブルーソルトを一緒に提供する。

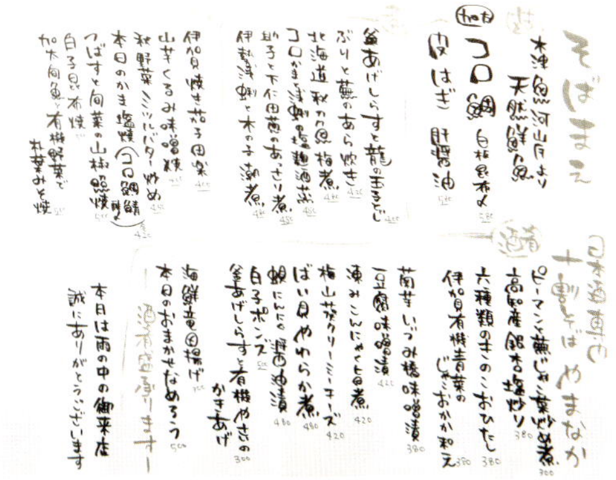


"そばまえ" と謳った手書きのメニューで酒客につまみ料理をアピール。刺身、煮物、焼き物、酒肴にカテゴリーを分け、旬の魚貝や野菜を使った30品ほどを提供する。300円～と手頃な価格設定も好評だ。

日本酒は90mℓ（390円～）で注文でき、常時20種類以上を用意する。また、燗酒も好みの熱さで飲めるよう、燗どうこをカウンター横に設置。季節の限定品も常時入荷し、そば店とは思えない品揃えを誇り、日本酒ファンにも好評だ。

店長　平岡元子氏

| | |
|---|---|
| 住所 | 大阪府大阪市阿倍野区阪南町1-50-23 |
| TEL | 06-6622-8061 |
| 営業時間 | 平日17時～21時、土曜・日曜日 11時30分～13時30分、17時30分～21時 |
| 定休日 | 月曜日・祝日 |

## 蜆にんにく醤油漬

提供時に時間がかからず、また仕込んでから冷蔵庫で保存している間にしっかりと味が染みる便利なスピードつまみ。ニンニクは生のままではなく、バーナーで軽く炙ることで風味をしっかりと引き出すようにしている。シジミの他、アサリでも代用可能。

▶売価：480円(税込)　▶提供時期：通年

## 菊芋いづみ橋味噌漬

手間もかからず、味噌に漬け込んでおくだけで仕上がる調理法を工夫。一度で大量に仕込むことができるうえ、提供時間も短くてすむ。菊イモの独特のねっとりとした食感に味噌の濃厚な味わいがマッチし、このひと皿で酒がすすみ、お替わりをするお客も多い。味噌は神奈川・海老名の泉橋酒造が作る豆味噌を使用。

▶売価：380円（税込）　▶提供時期：冬

## 凍みこんにゃく旨煮

滋賀の名産でもある「赤こんにゃく」を用い、華やかな盛り付けで食欲をそそる一品に。お浸しとコンニャクを交互に挟むことで、シャキシャキとした食感とむっちりとした食感のアクセントを楽しませる。また、香ばしい香りが口の中で広がるように、コンニャクをゴマ油で軽く炒めていることもポイント。

▶売価：420円（税込）　▶提供時期：通年

# 梅山葵クリーミーチーズ

あえて練り込まず、梅肉とワサビを別々に添えることで、ひと皿で３つの味が楽しめるアイデアが光る。クリームチーズの分量をやや多めにして、少し口に残るような食感に仕上げているのもポイント。梅肉のほどよい酸味とワサビの刺激が、つい箸と酒をすすめさせるクセになる味わい。

▸売価:420円(税込)　▸提供時期:通年

## 鯖千鳥酢
## 卯の花あえ

サバの旨みが感じられ、日本酒の味わいを引き立てることを考えて、しめサバはあえて酢に漬け込む時間を短くして仕上げている。おからと和えることで味わいだけでなく食感も複雑になり、奥深い味わいを堪能させる。柚子とワサビの爽やかな香りの余韻も魅力に。

▶売価:780円(税込)　▶提供時期:通年

# 伊賀有機青菜のじゃこおかか和え

料理のだしを取ったイリコとカツオ節をあますことなく用いるアイデアメニュー。お浸しの青菜は、その日に安く手に入るものを使用する。写真は水菜、ホウレン草、春菊、小松菜、ルッコラなど。あっさりとした味わいで日本酒の風味を引き立てると好評だ。

▶売価：380円(税込)　▶提供時期：通年

# 北海道　秋刀魚梅煮

骨までやわらかく煮ているため、食べやすいと好評の一品。梅干しの爽やかな酸味で魚独特の臭みを消し、さっぱりとした後口に仕上げており、日本酒の風味を邪魔しない。ひと皿のボリュームも多くして驚きを与えるだけでなく、美しく盛り付けるために煮汁を漉して回しかけるひと手間も。

▶売価：480円（税込）　▶提供時期：秋

## 伊勢浅蜊ときのこの酒蒸

主役のアサリに負けないように、キノコをふんだんに用いる。カキノキ茸やハナビラ茸など珍しいキノコも加え、味だけでなく見た目にも驚きを与えるようにひと工夫する。味付けは比較的薄めにしておき、柚子の風味と日本酒の味わいを邪魔しないように仕上げている。

▶売価：580円（税込）　▶提供時期：冬

## 白子昆布焼

下味をつけながら火入れもしているため、仕上げに焼く際は昆布の香りをまとわせるイメージで。蓋をして蒸気で温めるようにしながらも昆布が焦げる程度までじっくりと焼くのがポイント。濃厚な旨みがあふれる白子の昆布焼きは、冬場に欠かせない人気メニューの一つ。

▶売価：500円（税込）　▶提供時期：秋・冬

## 鯛煎餅

刺身で提供する白身魚を活用した一品。パリっと小気味よい食感で高い人気を誇る。取材時はタイを使用し、白板昆布で挟んで昆布の風味をプラス。片栗粉だけでなくそば粉も軽くまぶすことで、香ばしく仕上げている。

▶売価：350円（税込）　▶提供時期：通年

## エビ芋の旨煮揚

そば粉をつけて揚げることで独特の風味を楽しませる。エビイモのほっこりとした食感を活かすため、そば粉は薄くつける。エビイモは下茹でした後、水に酒、白醤油、味醂、昆布を加えたもので蒸し、味を含ませて揚げることで酒がすすむおいしさに。板そばを揚げたものも添える。

▶売価:380円(税込)　▶提供時期:秋

東京・立川

# 素料理と手打そば あかつき

## “素料理”をコンセプトに独自の素材の味を活かした酒肴が評判

そば店や和食店などで経験を積んだ柴田信博氏が、2012年に独立し開業した『素料理と手打そば　あかつき』。素材の味わいを活かしたシンプルな料理“素料理”と酒を楽しんだ後、しめでそばを食べてもらうようにとメニューを構成。週２回通うという常連客も多く、定番はそばだけで、あとはすべて日替わりの料理を黒板書きで用意し飽きさせない。体を気遣う女性客が多いこともあり、野菜や納豆などを使った低カロリーで体によい商品を多数用意。バジルを練り込んだ自家製「バジル味噌」を使ったそば味噌や、「ふろふき大根の唐揚げ」など、これまでの調理経験を活かして開発した、定番料理をひとひねりした同店ならではの味わいが好評だ。野菜類は地元立川の直売所へ出かけ、積極的に鮮度のよい地元野菜を使用する。酒類は日本酒が人気で、食中酒向けの辛口で控えめな香りの純米酒を中心に取り揃える。

| | |
|---|---|
| 住所 | 東京都立川市高松町3-26-16 |
| TEL | 042-523-4361 |
| 営業時間 | 火曜・水曜・木曜日12時～（限定15食）、月曜～土曜日18時～23時 |
| 定休日 | 日曜日 |

店主　柴田信博氏

外一で打つ手打ちそば。夜は酒の後にしめで食べてもらうことを考慮し、冷たいそばの「手打ちせいろ」７００円（税抜）のみを提供する。

日本酒は、冷や向けの３種類、熱燗用の１種類を用意。酒屋から週２回こまめに仕入れ、１週間ほどで銘柄をどんどん変えていく。

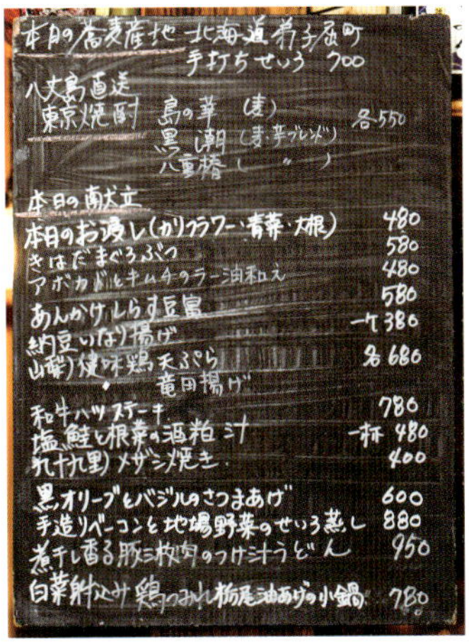


メニューは、そば以外すべて日替わり。平日は柴田氏一人で営業するため、提供時間も考慮してメニューを開発。その日の食材を使い、豊富な料理を取り揃える。

## アボカドとキムチ胡麻ラー油和え

アボカドとキュウリ、キムチを注文ごとに和えた手頃なつまみ料理。とろっとしたアボカドとシャキシャキしたキュウリの食感の違いも面白く、ラー油を加えたピリ辛味で酒がすすむ。キュウリは芯の部分を取り除き、塩もみしてから使用することで水が出ず、味が崩れにくい。

- 売価：480円（税抜）
- 提供時期：7月～9月

## カニ味噌チーズといぶりがっこ

カニ味噌といぶりがっこという日本酒に合う珍味の組み合わせをひと工夫。カニ味噌にクリームチーズ、味噌、醤油、ニンニクを合わせて洋風にアレンジし、クラッカーにのせて食べてもらう。事前に仕込み置きができ、スピード提供が可能。日本酒とともにちびちびと楽しむお客が多い。

▶売価：580円（税抜）　▶提供時期：通年

## バジル風味の焼き味噌

バジルを練り込み作った、香りよい自家製「バジル味噌」を常備し、色々な料理に活用。写真の商品では、そば店の定番の焼き味噌にアレンジ。そのまま食べてもよいし、ディップ風に野菜につけて食べてもよい。野菜は地元・立川産のものを積極的に使用し、特徴化を図っている。

▶売価：580円（税抜）　▶提供時期：通年

## そば屋のグラタン
### （スープグラタン風）

お客のリクエストを受けて開発した、そば店らしい食材を活用したスープグラタン。既存食材を活用することでロス防止にも。そばがきとお麸、長ネギ、鶏肉をかけ汁ともり汁で軽く煮込み、チーズをのせてオーブンで焼き上げる。そばがきとお麸のモチモチした食感がユニーク。

▶売価：800円（税抜）　▶提供時期：冬

## ふろふき大根の唐揚げ

味を入れてやわらかく炊いたふろふき大根に、粉を打って揚げることでコクと食感をプラス。油の旨みが加わり、酒のつまみにも向く。冬の大根は汁気がたっぷりで、揚げると表面がカリッとしながら中はジューシーに仕上がる。手間はかかるが原価率は5％以下の低原価メニュー。

▶売価：480円（税抜）　▶提供時期：冬

## オリーブとバジルのさつまあげ

魚のすり身に、イカのミンチやオリーブ、バジルなどを加えたイタリアン風のさつまあげ。バジルとオリーブが香り、イカで食感に変化が加わる。地元・立川でバジルが栽培されていることをヒントに開発。事前に蒸し器で蒸して火を通しておき、揚げるだけで素早く提供。

▶売価：600円（税抜）　▶提供時期：夏

## 白菜つみれとせりの小鍋

白菜をつなぎに使ったつみれと、セリ、栃尾の油揚げを具材にした冬の小鍋。つみれはシャキシャキ、ふわっとした独特の食感で、体が温まるように生姜をたっぷりと加えている。つみれに旬の白菜を使うことで、原価的にも20%以下と有利になり、ヘルシーさもアピールできる。

▶売価：780円（税抜）　▶提供時期：冬

# 柚子香るカニ柚《ゆ》豆富

温かな豆腐とあんで芯まで温まる、冬の名物あんかけ豆腐。柚子の香りとカニのあんかけ仕立ての贅沢さも魅力に。カニと柚子を使っていることでネーミングし、「何それ？」というお客の質問を引き出し会話のきっかけとしても役立てる。

▶売価:650円（税抜）　▶提供時期:冬

## 自家製ベーコンと野菜のせいろ蒸し

自家製ベーコンで特徴化した野菜のせいろ蒸し。旬の野菜にベーコンの燻製香と脂が移り、おいしさをアップさせている。野菜類は旬のものを使用し、取材時はカボチャ、カリフラワー、ブロッコリー、キノコ類など。塩と自家製の「バジル味噌」を添える。

▶売価:880円（税抜）　▶提供時期:冬

# 鶏とアボカドの天ぷら 納豆ポン酢かけ

鶏胸肉とアボカドというヘルシー感のある組み合わせの天ぷらに、ひきわり納豆やリンゴ酢などを合わせた酸味のある「納豆ポン酢」をかけて提供。さっぱりとしながらクセになる味わいが好評だ。アボカドは揚げることでとろっとした食感になり、カリッとした天ぷら衣との食感の違いも楽しませる。

▶売価:680円(税抜)　▶提供時期:通年

# 納豆稲荷揚げ

ご飯の代わりに、ひきわり納豆、長イモのみじん切りなどを油揚げの中に詰め、衣付けして天ぷらに。納豆料理のリクエストが多かったことから開発し、ヘルシーでおいしいと好評だ。具材の下味や天つゆにそば用のつゆを使って特徴化。原価率10%ほどの低原価メニューでもある。

▸ 売価：380円（税抜）　▸ 提供時期：通年

大阪・北浜

# 手打蕎麦 笑《え》日《び》志《し》

## 挽き方の異なる3種類のそばやオリジナルのつまみ料理が評判

店主は元大工。その経験を活かし、川沿いの倉庫だった物件を自身で改装し、モダンな雰囲気のそば店を2012年にオープンした。毎朝、石臼で挽くそば粉は、北海道や東北、中国地方のものを中心に使用。粗挽きから細挽きまで３種類を用意する。また、この３種類のそば粉は見た目はもちろん、風味も異なるようにそばの素材を変えるように配慮しているのも特徴。修業先の東京風のかえしはもりそばに、温かいそばには関西風に仕上げたかえしを用いるなどこだわりも強い。また、夜の営業では、20種類のつまみ料理を用意し、「そばがきの蒲焼き」といったオリジナルメニューも揃えて酒客を楽しませる。オフィス街ということもあり、提供時間を短くするため、多くの料理は一度仕上げて冷凍保存できるようにアレンジ。日本酒は、純米酒を基本に比較的安価で提供できるものを仕入れている。

| | |
|---|---|
| 住所 | 大阪府大阪市中央区<br>平野町1-1-2 |
| TEL | 06-6232-3733 |
| 営業時間 | 11時30分～13時30分、<br>17時～21時 |
| 定休日 | 不定休 |

幅広い年代の客層に合わせて日本酒の味わいをセレクト。「清鶴」のあらばしりといった濃厚なものから、「十九」や「船中八策」のような淡麗系も用意。冷酒、常温、燗酒に合う日本酒を常時８～10種類を揃える。グラス100mℓと片口１合の２サイズで提供する。

丸抜きの細挽きを細打ちにした「絹挽きせいろ」、丸抜きの粗挽きを太打ちにした「粗挽き粒せいろ」、玄そばを殻ごと挽いた「田舎せいろ」の３種類を毎朝手打ちで用意。特に人気なのは1日10食限定で登場する写真の「粗挽き粒せいろ」850円（税込）。そば本来の風味がしっかりと感じられる一方で、後からふわりと漂う甘みも楽しめる。

スタッフ　濱田織絵さん

## カモネギ蕎麦チヂミ

そばがきをアレンジしたオリジナルメニュー。そば粉に鴨肉と白ネギを加えてチヂミ風に。かえしを加えて下味をつけている。提供前に電子レンジで温めるため、焼く際は多めの油で表面がカリッとする程度に軽く揚げ焼きにする。もり汁と酢で作るタレにつけて食べる。

▶売価：550円（税込）　▶提供時期：通年

# そばがきの蒲焼き

細かく挽いたそば粉でそばがきを作り、焼き海苔の上に薄く広げたものを油で焼き上げ、濃いめのタレで味付けして蒲焼き風に仕上げたそばがきのアレンジメニュー。外はさっくりと、中はなめらかな食感の違いも楽しませる。蒲焼きのタレは醤油、酒、味醂、砂糖で作る。

▶売価：400円（税込）　▶提供時期：通年

## そばがき（粗挽き粒）

同店では「絹挽き」「田舎」「粗挽き粒」の食感の異なる３種類のそばがきを用意。特に「粗挽き粒」のそばがきが人気を集める。できるだけねっとりとした食感が楽しめるように混ぜる時間を長くしているのが特徴。鮮烈なそばの風味が味わえるとそのまま食べるお客も多い。

▶売価：750円（税込）　▶提供時期：通年

# 蕎麦サラダ（田舎・粗挽きの板蕎麦入り）

板そばを使ったそば店らしいサラダ。板そばは挽き方の異なる２種類を楽しめるようにひと工夫する。また、ドレッシングはもり汁に柚子胡椒を加え、オリーブオイルで伸ばしたオリジナルを作成。そばの風味を感じられながら、柚子胡椒の爽やかな香りが食欲をそそる。

▶売価：650円（税込）　▶提供時期：通年

## 田舎あげ焼き

油揚げをアルミホイルで蓋をし、弱火で片面は蒸し焼きに、裏返して中火でじっくり焦げ目をつけるように焼き上げる。ネギとおろし生姜をのせてからかえしをたっぷりかけて提供。関西では珍しいふっくらとした食感の油揚げが楽しめると好評の一品。

▶売価：400円（税込）　▶提供時期：通年

## みょうが炙り焼き

食感を活かすため繊維に沿ってカットしたミョウガを、焦げないように鉄鍋で揺すりながらじっくり焼き上げ、風味を引き立てる。そのままでも旨いが、かえしを軽くかけることでより日本酒がすすむおいしさを工夫している。注文率の高い人気のつまみ料理だ。

▶売価:350円(税込)　▶提供時期:通年

## ピーマンのおかか和え

ゴマ油でピーマンをさっと焼き上げてから一度火を止めてかえしを加え、少し焦げつかせるようにピーマンとからめて風味を引き出している。カツオ節の風味が感じられるようにカツオ節を上からたっぷりかけて提供。シンプルながらも食べ飽きない味が好評だ。

▶売価：400円（税込）　▶提供時期：通年

# 鴨はつ焼き

日本酒がすすむように、少し薄めにスライスするのが特徴。また、焼き上げる際は、かたくなり過ぎないようにアルミホイルで蓋をし、弱火で蒸し焼きにしている。白ネギは焦げるくらいしっかりと焼いてから、１枚だけ薄皮をむいて提供するのもこだわり。味付けは塩と胡椒のみとシンプル。

▶売価：500円（税込）　▶提供時期：通年

## カマンベールの天ぷら

人気のカマンベールチーズの創作天ぷら。天つゆを器に先に入れておき、衣に天つゆが染みた天ぷらと、さっくりとした衣の天ぷらの２種類が楽しめるようにしているのも特徴だ。特に下味などはつけず、チーズの味わいをそのまま感じられるようにも配慮している。

▶売価：500円（税込）　▶提供時期：通年

## 天ぷら盛り合わせ

さっくりとした食感に仕上げたいという思いから、衣は薄くつけて鍋に入れる際は少し振るようにしているのがポイント。また、天つゆはカツオの一番だしとかえしを用いて少し濃い目に仕上げている。これは酒がすすむようにするための工夫。野菜は季節によって変化するが、飾り庖丁は必ず入れるようにする。

▶売価：850円（税込）　▶提供時期：通年

京都・夷川

# 蕎麦　ろうじな

## 自家製のつまみを多彩に揃え、モダンな空間で楽しませる

京都らしい鰻の寝床を感じさせる店内は、大正期の箪笥やモダンな照明が施され、そば店とは思えない雰囲気が漂う。音楽もラテンやキューバを中心として、バーを彷彿させる。そうした店構えでありながら、そばはもちろん一品料理も本格派。『天ぷら割烹 なかじん』で修業した店主の大重貴裕氏が腕を振う季節の天ぷらや多彩なつまみ料理が人気を集めている。さらに、「自家製かもみそのあぶり」など、提供するものはできる限り自作にこだわる。また、そうした料理も日替わりで内容を変え、お客を楽しませる努力を惜しまない。料理を支える器にもこだわり、信楽焼の文五郎窯や清水焼の田中大氏などの器を用いるのも特徴の一つ。カウンターを中心とした店内で、ゆっくりとつまみ料理を楽しみ、杯を傾けようと通う常連客を掴んでいる。京都らしさを感じさせながら新しいそば店の魅力を打ち出している。

| | |
|---|---|
| 住所 | 京都府京都市中京区夷川通寺町西入ル北側丸屋町691 |
| TEL | 075-286-9242 |
| 営業時間 | 11時30分～14時、18時～20時30分 |
| 定休日 | 月曜日・不定休 |

「個性の強いものというよりは、食中酒として楽しんでもらえるものを選んでいます」と大重氏が語る日本酒は、偏らないよう幅広い味わいのものをセレクト。ワインやスパークリングワインも本数は少ないが用意し、多彩なつまみ料理とともに楽しませている。

店主　大重貴裕氏

自作の石臼で自家製粉する十割の手打ちそばを提供。喉ごしの良い写真の「もりそば」と、そば独特の風味を感じられる「粗挽きそば」の２種類を用意しており、「二色もり」も可能。そばはその時に良いものを厳選し、取材時は岡山県蒜山産のそばを使用。ランチ時には炊き込みご飯にお浸し、だし巻き玉子がセットになった定食を提供している。

## 明太子と青ジソの生湯葉巻き

日本酒をちびちびと飲む際のアテとして人気の一品。明太子の濃厚な味わいを、大葉とクリーミーな湯葉で包むことでやわらかな印象に仕立てている。注文が入ってから巻き合わせる手間がかかるが、火を使うことがないので提供時間も比較的短くてすむ。見栄えの良い盛り付けも好評だ。

▶売価：700円（税込）　▶提供時期：通年

## ゆば豆腐

湯葉を食べやすくするために豆乳に漬け込むというアイデアが光るメニュー。修業先でピータン豆腐やオリーブオイルをかける豆腐などを提供していたことから、湯葉を豆腐と組み合わせればさらにおいしくなるのではと考案した。ワサビがアクセントになり、酒とも合う。

▶売価:500円(税込)　▶提供時期:通年

# 自家製きゅうりのカリカリ漬け

もともとはランチにも使えるぬか漬けをと考えていたところ、自宅で奥さんが作っていた浅漬をヒントに開発。特に大切にしているのが外側はむにっと、中はカリッとしたクセになる独特の食感。刻み生姜を加えることで、後口に爽やかな風味が広がるのも人気のポイントだ。

▶売価：380円（税込）　▶提供時期：通年

## 自家製かもみその あぶり

他店と差別化を図るために、そば店の焼き味噌を独自にアレンジした一品。特に日本酒にも合うようにと鴨肉を使い、重厚な味わいになるようにミンチの量も多めにしている。バーナーで炙った際にほどよいやわらかさになるように調整しながら仕込むこともポイント。

▶売価：380円（税込）　▶提供時期：通年

# 鴨肉のステーキ

ワインも揃えていることから、それに合わせたメニューとして考案。ひと口で食べられながらもしっかりと鴨肉の旨みが堪能できるようにサイコロ状にカット。また、こうすることで、火入れも均一になりバラつきを防ぐことができる。そば店らしい鴨肉を使ったご馳走メニューだ。

▶売価：1200円（税込）　▶提供時期：通年

# かもの生ハム

そば店のなじみの食材である鴨ロース肉を使った日本酒と好相性の酒肴メニュー。粒マスタードを添えて提供し、好みでつけて食べてもらう。鴨ロース肉を塩漬けにする際にニンニクも加え、風味を高めている。塩加減は日本酒に合うように調整している。

▶売価：680円（税込）　▶提供時期：通年

# そばがき

かぶら蒸しのイメージでそばがきのアレンジメニューを考案。そばがきはそばメニューとは別に粗めに挽いたそば粉を用い、食感の良さにも配慮している。また、とろみをつけたあんは少し濃いめの味付けにして酒がすすむようにも工夫。上品な仕上がりで人気が高い。

▶売価：950円（税込）　▶提供時期：冬

## 海老芋の唐揚げ

かけ汁で煮込んだエビイモは、一度冷蔵庫で寝かせて味を染み込ませるひと手間を惜しまない。片栗粉をまぶして揚げ、仕上げに柚子の皮を擦りおろしてまぶし、香りを高めるなど細部へのこだわりも光る。ほっくりとした食感と旨みは、日本酒をすすめる。

▶売価：700円（税込）　▶提供時期：冬

## 蕎麦屋のとり天

鶏のササミ肉はもり汁で１時間ほど漬け込み味を染み込ませておくのがポイント。さっくりとした食感を大切にしているため、天ぷら衣はさらさらに近い状態にして、衣に花を咲かせるように軽く揺すって揚げていく。自家製の抹茶塩を添えて好みでつけて食べてもらう。

▶売価：600円(税込)　▶提供時期：通年

神奈川・川崎

# 幸町　満留賀

## だし・かえし・そばつゆを活かす そば店ならではのつまみが評判

昭和39年創業の老舗そば店。現店主の野田直裕氏に代替わりし、町場のそば店から自家製粉の本格そば店へと舵を切った。また、独自の創作メニューをそば、つまみ料理ともに開発し、目的客を集客。夜の酒客獲得にも力を入れ、酒を楽しむお客を増やしてきた。つまみ料理の開発にあたり野田氏が大事にしてきたのは、あくまでそば店という軸を守り、居酒屋とは一線を画すということ。売れるからといって何でも出すのではなく、そば店ならではの味づくりにこだわりを見せる。「そば店にはちゃんととっただしやかえしなど、素晴らしい食材が色々あります」と野田氏。その他にもそばメニューで使う食材を活用し、そば店ならではのつまみ料理を生み出してファン客を獲得している。酒類は有名でも他店で飲めるようなものは避け、無名でもおいしいものをピックアップし、差別化に役立てている。

| | |
|---|---|
| 住所 | 神奈川県川崎市幸区幸町2-680 |
| TEL | 044-511-4845 |
| 営業時間 | 平日11時～14時、17時30分～20時30分、土曜日11時～20時 |
| 定休日 | 日曜日・第3月曜日 |

店主　野田直裕氏　志乃さん

日本酒は冷酒用と燗酒用の定番2酒類の他、「季節の地酒」として1種類を提供。出方を見ながら提供期間を調整し、どんどん新しい銘柄に変えていく。有名な銘柄だと、季節限定の希少なものを取り入れることも。

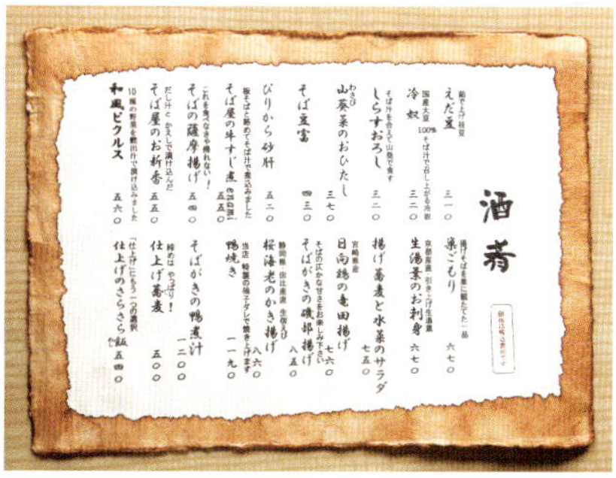


酒肴は別紙の巻紙で紹介。季節ごとに新メニューを開発し、人気によりグランドメニューと入れ替えていく。原価率は30%ベースに、スタッフの意見を聞き調整。

焼いた油揚げを温かいそばに別添えで提供するという、新しい食べ方を提案した「きつねそば」940円（税込）。手揚げの油揚げや京都産の九条ネギなど、一つひとつの食材にこだわり、馴じみ深い定番メニューをベースに新たなおいしさを生み出して大ヒット。

# そば屋の牛すじ煮
# enami

板そばやかけ汁、だしを使った、そば店らしい牛スジ煮。牛スジ肉は甘辛く煮込んで１皿分ずつ冷凍しておき、注文ごとに温めて使用。短冊状に切って茹でた板そばと合わせて素早く提供する。メニュー名の中の「enami」はレシピを教えてくれた店の店主に因んでつけたもの。

▶売価:550円(税込)　▶提供時期:通年

## そば屋の牡蠣フライ

そば店にある既存食材を活用しながら、見せ方にもこだわり魅力をアップ。生そばを揚げた揚げそばを土台に、牡蠣フライを立体的に盛り付ける。ソースにはもり汁にとろみをつけたものを使用し、さっぱりとした味わいに。パリパリの状態で食べられるようにと、揚げそばにはソースをかけずに塩をふって提供する。

▶売価：690円（税込）　▶提供時期：11月～２月初め

## そばがきの鴨煮汁

そばがきに鴨肉入りのつゆをかけた、そば店らしい贅沢な一品。そばがきは強い味わいの鴨肉に負けないように、粗挽きの粉をブレンドし、二番だしで練り上げる。鴨肉はもり汁とかけ汁を合わせたつゆで軽く煮込んでレア加減に火を通し、茹でたそばがきの上にかけて提供する。

▶売価：1200円（税込）　▶提供時期：通年

# そばがきの磯部揚げ

そばがきに海苔を巻いて揚げ、食べやすい磯部揚げとしてつまみ料理に。そばのかえし、もり汁を添えて提供し、色々な味わいで食べられる楽しさを工夫する。揚げる時そばがきが油をどんどん吸ってもっちりした食感もなくなっていくため、色が変わった程度で素早く引き上げる。

▶売価:850円(税込)　▶提供時期:通年

# そばの薩摩揚げ

生地の中にそばやそば米を練り込んだ、そば店ならではのさつまあげ。卵白入りでふんわりと仕上げた生地の中から、食べるとそばやそば米が登場してお客を驚かせる。食感にも変化が加わり、食べ飽きない味わいに。生地を冷凍しておき、注文ごとに揚げ、かけ汁をかけて提供する。

▶売価：540円（税込）　▶提供時期：通年

中にはそば、そば米などを入れており、食べると面白い食感に。そば店らしさもアピールする。

## そば屋のお新香

定番人気のお新香をそばのもり汁で漬け込み特徴化。塩もみした野菜類にひたひたのもり汁を張り、上からカツオ節、柚子の皮、唐辛子をのせ、羅臼昆布で密封する。２日ほど寝かせて使用。もり汁に加え、カツオ節や昆布の旨みや香りが加わり、同店ならではの味を作り出す。

▶売価：550円（税込）　▶提供時期：通年

## 和風ピクルス

若い女性向けに開発した和風のピクルス。色味を考えながら複数の野菜を使用し、プチトマトやウズラの卵などの珍しい食材を組み込んで楽しませる。また、見た目にもきれいに盛り付け魅力を高める。ピクルス液には二番だしや昆布を使うなど、そば店らしい和風寄りの味わいに。

▶売価：560円（税込）　▶提供時期：通年

## 3種のお浸し

健康を気遣う中高年層に大人気の、旬の野菜を使った３種類のお浸し。素材の味を活かした、手を加えすぎないシンプルな味わいで支持されている。味付けにはだしやもり汁を活用。内容は日替わりで、写真はカブの葉と実、人参の葉と実、ホウレン草とシラスの３種類のお浸し。

▶売価：630円（税込）　▶提供時期：通年

# 仕上げのさらさら飯

そば店らしくそば米やかけ汁を活用し、新しいしめの一品として人気を集める。たっぷりの地海苔をかけたご飯に、スタッフが温かいだし汁を注ぎ、お茶漬け風に〝さらさら〟と食べてもらう。食感のアクセントとして揚げたそば米をのせ、隠し味に魚粉を使い、味わいにインパクトを加えている。

▶売価：540円（税込）　▶提供時期：通年

熱々のだし汁をご飯と一緒に提供し、客席でスタッフがだし汁をご飯にかけて仕上げる。地海苔と魚粉から香りが立ち昇り、食欲を刺激する。

## 舞茸の蕎麦粉天ぷら

千葉の無農薬栽培農家から仕入れる、香り高く歯応えよい舞茸を使用した季節の天ぷら。そば粉を打ち粉に使い、ひと味違うおいしさを工夫している。薄衣で揚げることで、香ばしくカリッと仕上げている。同時期に季節のそばメニューとして「舞茸天せいろ」を提供し、人気を集める。

▶売価：1300円(税込)　▶提供時期：9月後半～11月初め

東京・本郷

# 蕎麦切 森の

## こだわりの素材、調理法で
## 地元客から目的客まで広く掴む

東京・神保町の『松翁』で修業した森野浩正氏が、2002年に開業した。農家から直接仕入れるそば粉を使った手打ちそばと、ひと工夫した粋なつまみが評判のそば店だ。仕入れ先のそば農家の畑仕事を頻繁に手伝いに行ったり、つゆの味の決め手となる本枯れ節は、造り手から直接仕入れて店で削るなど、森野氏の素材へのこだわりはかなりのもの。つまみに関しても、食材一つひとつを吟味し、旬のものを取り入れて好評を博す。特に生け簀を設置して注文ごとに穴子や魚を活け締めにするなど、天ぷらには力を入れており、これを目当てに通うお客もいるほど。夜は酒客が中心に。酒類は日本酒を好むお客が多く、日本酒を10種類ほど揃える。定番は３～４種類に抑え、季節ものなどを売り切りでどんどん変えてお客を飽きさせない。フグの骨やハゼを自店で天日干しにして作る「ふぐ骨酒」や「はぜ酒」も人気だ。

| | |
|---|---|
| 住所 | 東京都文京区本郷2-25-1 ムトウビル1階 |
| TEL | 03-3818-9555 |
| 営業時間 | 月曜～金曜日11時30分～14時、17時～20時30分、<br>土曜日11時30分～14時30分 |
| 定休日 | 日曜日・祝日 |

地酒に詳しい酒屋へ直接に出向いて仕入れるようにしている。最近はラベルやネーミングの面白いものも増えており、積極的に導入。

店主　森野浩正氏

生け簀から注文ごとに引き上げて揚げた稚アユの天ぷらを、もりそばにセットした季節メニューの「稚鮎の天ざる」1900円（税込）。そばは二八の細打ちで、契約農家から仕入れる常陸秋そばを使用。つゆは濃口醤油ベースのかえしを使った「濃口」と、薄口醤油ベースのかえしを使った「薄口」の２種類から好みで選べる。

# 落花生の旨煮

生の落花生を店で煮込み、冷たいつまみ料理として提供。生の落花生というちょっと珍しい旬の食材を使うことで季節感が加わり、ほどよい食感と旨みたっぷりの気の利いた一品として好評だ。落花生は殻をむいて水にさらし、かけ汁で煮詰めて冷蔵しておく。スピード提供のメニューとして重宝する。

- 売価：550円（税込）
- 提供時期：８月下旬～10月、11月

# 無花果の胡麻酢味噌

イチジクを丸ごと使ったちょっとユニークな一品。生のイチジクに、練りゴマや玉味噌、もり汁、酢を合わせたソースをかけて提供。イチジクの甘みと酸味、ソースの風味が相まって、バランスの取れた味わいを作り出す。見た目にも面白く、女性からも人気だ。

- 売価：550円（税込）
- 提供時期：6月、7月頃～ 12月初め

## 木の実の焼きみそ

そば店の定番のつまみである焼き味噌にひと工夫を加え、魅力をアップ。クルミやカシューナッツ、松の実を粗くたたき、カツオ節や長ネギとともに西京味噌に練り込んで使用。香ばしさやコクが加わり、より濃厚な味わいを楽しませる。

▶売価：550円（税込）　▶提供時期：通年

## 蕪のサラダ

旬のカブを使って季節感を出した冬のサラダ料理。カブを薄くスライスし、たて塩に漬けてしんなりさせた後、塩昆布と和える。塩昆布のほどよい塩気と旨みがちょうどよい調味料となり、和を感じさせる味わいに。彩りよい葉物野菜やミニトマトなどと組み合わせ、ドレッシングをかける。

▶売価：650円（税込）　▶提供時期：11月～12月

# 海老芋のから揚げ 蟹葛かけ

エビイモの唐揚げに熱々のカニ入りのあんをかけた、贅沢で冬らしい一品。エビイモは下茹でしたのち、そばのかけ汁で味を含めてから使用。片栗粉をまぶして素揚げし、中はねっとり、外はカリッと仕上げる。成形した状態まで仕込んでおくと提供時間の短縮に。カニのあんにもかけ汁を活用する。

▶売価：1250円（税込）　▶提供時期：11月〜2月

## 鴨団子の土瓶蒸し

「鴨抜き（鴨南蛮のそば抜き）」を、上品な土瓶蒸しスタイルで提供。つゆも飲みやすく、見た目にも上品だと好評だ。鴨肉のミンチに卵や片栗粉を加えて作った鴨団子は、かけ汁に落として事前に火入れしておく。注文ごとに煮汁と鴨団子、長ネギ、キノコ類などを土瓶に入れて温めて提供。

▶売価：860円（税込）　▶提供時期：通年

## 子持ち鮎の焼浸

アユを頭から尻尾まで丸ごと食べられるようにと開発。塩焼きしたのち、蒸し器で２時間半から３時間蒸し、さらにかけ汁で20分煮込んで提供。骨まですっかりやわらかくなり、それでいてアユの味わいは逃さない。９月から11月は子持ちアユで、５月から９月は通常のアユを使う。

- 売価：1350円（税込）
- 提供時期：９月～ 11月

## 牡蠣のオイル漬け

牡蠣のむき身をもり汁で軽く煮込み、オイルに漬け込んだ珍味。牡蠣自体の旨みに、そば店ならではのだしのおいしさ、オイルによるコクが加わり、熟成した味わいが酒によく合う。

▸売価：3ヶ890円（税込）　▸提供時期：10月～2月

## 牡蠣しんじょ

ザク切りにした牡蠣をたっぷりと使い、牡蠣の味がしっかり満喫できる贅沢なしんじょ。口に入れると生地全体が牡蠣でできているかのように、口の中に牡蠣の香りが広がる。地には魚のすり身を使い、卵黄と油で作る玉子の素を加えて食感をなめらかに。

▸売価：1250円（税込） ▸提供時期：10月～２月

# 牡蠣の田楽

赤味噌ベースと白味噌ベースの味噌を塗った牡蠣の田楽。２種類を盛り合わせることで、見た目も楽しく、異なるおいしさでお客を楽しませる。牡蠣は生食可能なものを使用。プリプリの身と香ばしい味噌の両方を楽しませる。

▶売価：1300円（税込）　▶提供時期：10月～２月

# 季節の天ぷら

## （牡蠣と白子の天ぷら）

季節の食材を組み合わせた天ぷらのセット。通常揚げたてを１品ずつ客席に運び、コース仕立てで楽しませる。写真は秋から冬のバージョンで、牡蠣、白子、百合根、椎茸、リンゴ。最後の一品はデザートとして甘みのあるものを出しており、今回はリンゴに粉糖とシナモンをかけて提供。

- 売価：1750円（税込）
- 提供時期：10月半ば～ 12月

埼玉・所沢

# 松郷庵　甚五郎

## 創作そば・うどんの名店。独創性豊かなつまみが揃う

埼玉・所沢の住宅街に静かに佇む『松郷庵　甚五郎』。1984年に創業し、名店として知られる手打ちそば・うどんの老舗である。創作系のメニュー開発にも熱心で、「のらそば」や「森のきつねそば」など、様々な名物メニューを数多く揃える。ご飯物は置かない一方、つまみ料理を充実。少人数でも頼みやすいように、小ポーションで200円台～の抑えた価格に設定する他、一尾、一切れ単位で人数に合わせて注文できるようにするなど、お客の立場に立った品揃えも好評だ。酒客に加え、食事利用のお客でも、単品のそば・うどんメニューと天ぷらなどを注文するケースが多く、客単価アップに成功。地元食材の導入にも熱心で、最近では埼玉県産の銘柄豚の角煮や、川越産の有名なサツマイモなどを使った天ぷらが大ヒット。ドリンク類も地元産の地ビールや日本酒、焼酎、コーラなどを導入し、お客を喜ばせている。

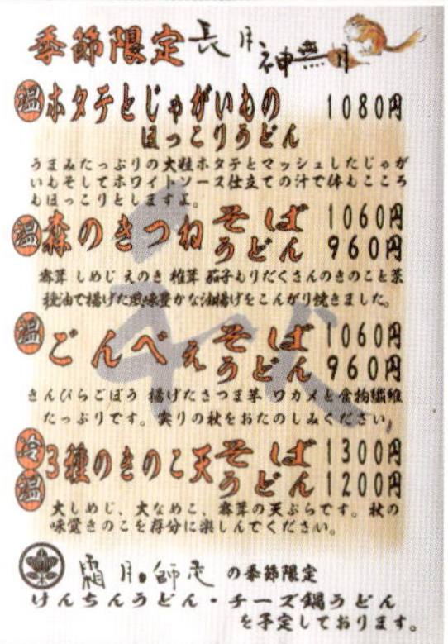


創作そば・うどんメニューの開発にも熱心で、長年人気を集める。写真の「のらそば」1130円（税込）など名物メニューが数多くある。季節ごとの限定メニューも取り揃え、毎年楽しみにしている常連客も少なくない。

店主　松村憲利氏

| | |
|---|---|
| 住所 | 埼玉県所沢市松郷272-2 |
| TEL | 04-2944-9168 |
| 営業時間 | 平日11時15分～15時30分、17時～21時、日曜日・祝日11時15分～15時30分、16時30分～20時30分 |
| 定休日 | 水曜日 |

写真は所沢産の米を使った日本酒や、所沢産の大麦で作った地ビール、所沢産のサトイモで作った焼酎など、すべて地元の所沢産の酒。その他〝飲みきりのお酒〟として季節限定の日本酒を１本単位で仕入れて次々入れ替えるなど、お客を楽しませる品揃えを心掛ける。

# とろーりチーズのそば粉揚げ

チーズを大葉で巻き、衣をつけた揚げ物。そば粉を水で溶いた〝そば衣〟を使って特徴化した。揚げるとそばの香ばしい香りが広がる。サクッと揚がった衣の中には、とろりとチーズがとろけ、大葉がさっぱりとまとめる。ゴボウの素揚げも香り高くカリッとした食感が好評だ。

▶売価：300円（税込）　▶提供時期：通年

# 若鶏のそば粉揚げ

そば店らしく、そば粉を使ったメニューとして開発。国産若鶏のモモ肉に、そばのかえしを使った漬け地でしっかりと味を入れ、そば粉を水で溶いた〝そば衣〟をつけて揚げる。ほどよくそばの香りが加わり、クセなく万人受けする味わいに。そばに追加して注文し、分け合う人も多い。

▶売価：580円（税込）　▶提供時期：通年

# 山芋唐揚

山イモと揚げ油、塩のみで作るシンプルな揚げ物。やや厚みを持たせて山イモをカットし、周囲がキツネ色になる程度にさっと素揚げすることで、シャキシャキした食感に仕上げる。ポテトフライ感覚で気軽に食べられると好評で、子供から大人まで幅広い客層に人気を集める。

▶売価：310円（税込）　▶提供時期：通年

## 生ゆば春巻き

レタスやキュウリ、ミョウガなどの生野菜とエビをシート状の生の平湯葉で巻いた、シャキシャキ食感の和風生春巻き。既存食材を活用して開発し、ドレッシングにはそば店らしくもり汁や二番だしを使用。手頃な価格設定もあり、そばやうどんとセットで注文するお客も多い。

▶売価：330円（税込）　▶提供時期：通年

# 若鶏のみぞれ煮

唐揚げよりもさっぱりとした揚げ物が食べたいというお客からのリクエストを受けて開発した商品。竜田揚げにたっぷりの大根おろしをのせ、うどん用のもり汁をかけて提供する。下味や食材は唐揚げと共通させて、ロスを防ぎながら新たな需要の取り込みに成功している。

▶売価：650円（税込）　▶提供時期：通年

## 牛柳川風

甘辛い味わいの牛すき焼き用の業務用ベースに、笹がきゴボウとうどん用のかけ汁、卵を組み合わせ、柳川鍋風の味わいに仕上げた。業務用ベースは以前からうどんメニューに使用しており、メニュー幅をさらに広げようとこの商品を開発。つまみとして酒客からの注文を獲得している。

▶売価：650円（税込）　▶提供時期：通年

# 香り豚の角煮

埼玉県産のSPFブランド豚「松村牧場　香り豚」を使用し、3日がかりで手間暇をかけて仕込む、原価率60%超えのサービス商品。そばやうどん用のかえしなどで作る煮汁に漬けた状態で豚バラ肉を蒸し、やわらかく仕上げる。注文しやすいように、３切れまたは５切れの小ポーションで商品化している点も好評だ。

▶売価：5切れ780円（税込）　▶提供時期：通年

# 西京味噌床でつけた漬物

西京味噌や味醂粕などで作った市販の味噌床で漬け込んだ、ひと味変わった味わいが人気の漬物。通常の糠床よりやわらかな味わいに仕上がるため素材の味が分かりやすく、さらに漬け込んでも色が付かず、変色しにくいためロスも防げるという。塩もみした後、味噌床に３日以上漬けて提供。

▶売価：360円（税込）　▶提供時期：通年

## 三種のきのこの天ぷら

厳選食材を使い、２ヵ月替わりで内容を変える旬の天ぷら。秋には無農薬栽培のキノコ類を使用。香り高く味わい深い舞茸や、普通の２～３倍の大きさのシメジやナメコなど、希少なキノコで評判に。上新粉を加えた天ぷら衣でさっくりと軽く揚げる。うどん用のもり汁を天つゆに使用。

▶売価：650円（税込）　▶提供時期：９月～10月

## 川越芋の天ぷら

埼玉・川越の老舗農家が育てている非常に甘いサツマイモ「甘密忠右衛門」を使用した天ぷら。低温のオーブンでじっくり焼き上げることでさらなる甘さを引き出し、スイーツのような味わいに。1枚120円でテイクアウトでも販売したことで、ひと月140kg分を売る大ヒット商品に。

▶売価：５つ600円(税込)　▶提供時期：10月〜5月

東京・青梅

# つけ蕎麦　KATSURA

## オリジナルのつけ蕎麦をはじめ、個性的なつまみもお客を魅了

若者を含め幅広い層にそばを食べてもらいたいと、他業種の要素を取り入れてメニュー作りを行なう『つけ蕎麦 KATSURA』。メインのそばでは、ラーメンのつけ麺を取り入れた冷たいそばを濃厚で温かいつけ汁につけて食べる“つけ蕎麦”という新たなスタイルを提唱。つけ汁には、鴨と鶏のガラ、野菜を４～５時間煮込んだ、独自の鴨だしをベースにするなど、自由な発想と丁寧な仕事で支持されている。つまみ料理も徐々に増やしており、そば粉や鴨肉などの既存食材を活用して開発。そばのトッピングに使っている鴨肉のチャーシューをアレンジしたり、そば粉でピザ生地を作るなど、そば店ならではの食材を再構成し、新たなおいしさを作り出している。酒類はそばとの相性も考え、純米酒や純米吟醸酒を取り揃える。４つの蔵元と懇意にしており、季節ごとの限定品を取り入れ、特徴化を図る。

| | |
|---|---|
| 住所 | 東京都青梅市河辺町6-12-1 104 |
| TEL | 0428-24-1723 |
| 営業時間 | 11時～15時、17時～21時 |
| 定休日 | 火曜日 |

店主　吉野　桂氏

農家から直接仕入れる玄そばを使い、自家製粉して手打ちで打つそばに、鴨脂などを加えた洋風の鴨だしを組み合わせた「かもだしつけ蕎麦」900円（税込）。温かいつけ汁に冷たいそばをつけて食べてもらう。

福岡の「独楽蔵」をはじめ、特定の蔵元と懇意に付き合い、季節ごとの限定酒を積極的に導入して酒客を楽しませる。120㎖単位で価格を500円～に設定するなど、注文のしやすさにも留意している。

## きのこのそば粉ピザ

そば粉で作る生地を使った、そば店ならではのピザ。打ち粉までそば粉を使い、そば100%の魅力を打ち出す。生地は薄いクリスピータイプで、つまみとしても食べやすい軽い味わいに。具材にシメジやアワビ茸など複数のキノコ類を使い、塩麹で味付けするなどヘルシーさも工夫。

▶売価：900円（税込）　▶提供時期：通年

## かもチャーシュー

そば用のトッピングにも使っている鴨モモ肉のチャーシューを、厚切りにしてつまみとしても提供して人気に。鴨モモ肉を加熱後、そば用のかえしにさっと漬け、しっとりと濃厚な味わいに。鴨の脂が溶けだしたそばのかえしは、そば用やドレッシングとして活用する。

▶売価：800円（税込）　▶提供時期：通年

## かもロース

鴨ロース肉をもり汁に漬けたまま弱火で軽く煮込み、ほどよく加熱してしっとりやわらかく仕上げたつまみ料理。「かもチャーシュー」と対照的に、鴨肉の繊細な味わいを引き出し好評だ。鴨ロース肉で水菜や笹打ちネギを巻き込んで食べるのが店のおすすめ。

▶売価:800円(税込)　▶提供時期:通年

# 焼きそばがきの<br>ブルーチーズみそ田楽

そばがきをパンケーキ風に焼き上げ、田楽味噌やブルーチーズを使ったソースをかけて洋風の一品に。そばがきはやや緩めに練り上げ、多めの油で表面をカリッと焼き上げる。そばの風味と、濃厚で甘みのあるソースの味わいがベストマッチ。酒のつまみとしても好評だ。

▶売価：800円（税込）　▶提供時期：通年

## そばがきの揚げだし

そばがきをもっと気軽に食べてもらうにはどうしたらよいか。そんな思いから揚げ出し豆腐をイメージして開発した一品。緩めに練り上げたそばがきを油で揚げ、表面カリッと、中はもっちりとした食感に。もり汁をベースに味付けし、鬼おろしを添えさらに食感に変化を加える。

▶売価：800円（税込）　▶提供時期：通年

# きのこと野菜の天ぷら

野菜とキノコ類のみに具材を絞り込むことで、ボリュームを出しながら価格を抑えて提供。旬の食材を取り込みながら10種類弱の具材を盛り込んだ豪華さとお値打ち感で、幅広い客層の人気を獲得。もりそばと組み合わせて注文し、2人で分け合って食べるお客も多い。

▸ 売価：650円（税込）　▸ 提供時期：通年

神奈川・南林間

# 手打ち蕎麦　さかい

## 修業店での経験を活かした揚げ物や天ぷらで特徴化に成功

| | |
|---|---|
| 住所 | 神奈川県大和市南林間1-3-7<br>遠藤ビル1階 |
| TEL | 046-272-2121 |
| 営業時間 | 11時～14時30分、<br>17時30分～20時30分 |
| 定休日 | 火曜日 |

上野の『とんかつ　井泉』など、とんかつ店で15年勤めたという、異色の経歴を持つ店主・酒井裕享氏。とんかつ店での独立を考えていたが、そばの名店として知られる東京・大井『布恒更科』での修業を機に方向転換。６年半勤めて独立し、2013年に『手打ち蕎麦　さかい』を出店した。外二で打つ手打ちそばとともに、修業店から引き継いだり、自ら工夫したつまみ料理が評判に。つまみ料理は基本的に10分以内で提供可能なこと、酒との相性を考慮して開発。旬の素材や季節感を考慮し、日替わりメニューも充実させる。とんかつ店での経験を活かし、天ぷらやフライも豊富に揃えており、酒の肴やせいろに添えて注文するお客も多い。酒類は都内の複数の酒屋を通して仕入れ、時には酒井氏自ら買い出しにも出かける。寒い時期は特に人気という日本酒は、純米酒を基本にタイプの異なる５～６種類を取り揃える。

店主　酒井裕享氏

定番2種類に加え、その時々で内容を変える季節の酒を用意。他店ではあまり見ないもの、産地や味の傾向が被らないものを選んでいる。

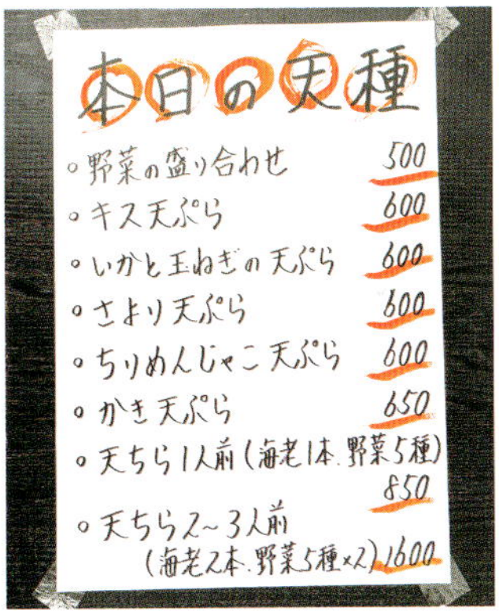


前職の経験を活かして天ぷらに力を入れ、「本日の天種」として日替わりで旬のものを７～８種類用意する。POPでアピールして店の特徴化や客単価アップにつなげている。

そばはそば粉の状態で仕入れ、外二で手打ち。丁寧な仕事が好評だ。好みの天ぷらをそばに組み合わせるお客も多い。写真はせいろにかき揚げの「ごぼう天」をセットした「ごぼう天せいろ」980円（税込）。

# 鳥くわ焼き

大ぶりにカットした鶏モモ肉と長ネギを焼き、もり汁で軽く煮込んで提供。そば店の定番食材を活用し、ロスを防ぎながら酒のすすむつまみ料理として開発した。もり汁が味に深みを出し、甘辛い味わいが幅広い客層に好評だ。鶏モモ肉は国産鶏を皮付きで使用する。

▶売価：600円（税込）　▶提供時期：通年

# 生かきフライ

旬の生牡蠣を使い、店で一から仕込む評判の牡蠣フライ。注文ごとに生牡蠣の水気をしっかりと切り、卵液、薄力粉、パン粉をつけて揚げる。揚げ油にラードを少々加えてコクを出し、170℃程度で加熱しすぎないように揚げる。パン粉は粗目の生パン粉で、サクサクとした食感に。

- 売価：3個600円（税込）、5個980円（税込）
- 提供時期：11月～3月

# 抜きおろし

そばの実とアサリ、辛味大根などをポン酢で調味した和え物。シンプルながらそば店らしい食材を組み合わせ、つまみとして人気を集める。紫辛味大根を使うことで見た目の面白さ、ほどよい辛味を工夫。プチプチとしたそばの実、プリッとしたアサリなど食感の変化でも楽しませる。

▶売価:500円(税込)　▶提供時期:12月～2月

## 横浜産ねぎとタコの酢みそ和え

茹でた長ネギ、タコ、ワカメの酢味噌和え。相性がよい食材をシンプルに組み合わせて好評だ。旬の打ち出しにくいそば業態において、地元産の旬の長ネギを取り入れることで魅力をアップ。酢味噌は自家製の玉味噌を酢でのばして作るなど、ひと手間かけた味づくりで差別化する。

▶売価：580円（税込）　▶提供時期：冬

# 春菊ときのこのナッツ白和え

キノコや春菊など、季節の野菜類を使って提供する白和え。ひと手間かけた気の利いた小鉢ものとして好評だ。キノコや春菊、人参を茹でて水切りし、木綿豆腐に玉味噌や練りゴマなどを加えた白和え衣で和える。仕上げに砕いたナッツ類を加え食感と風味をプラスする。

▶売価:480円(税込)　▶提供時期:冬

## 豆腐とかぶのあんかけ

寒い冬にぴったりの、温かでやさしい味わいの一品。豆腐と旬のカブを使い、味付けにかけ汁を活用する。カブは半分を塩茹でして具材として使用し、残り半分をすりおろしてあんに使用。豆腐と具材用のカブをフライパンで焼き、かけ汁とすりおろしたカブを使ったあんをかけて提供する。

▶売価：580円（税込）　▶提供時期：冬

# ちりめんじゃこ天ぷら

ちりめんじゃこのみを使ったシンプルなかき揚げ。ちりめんじゃこの塩気を活かし、塩や天つゆなどを添えずに提供。酒のつまみとして人気が高い。天ぷら衣は、生地をまとめる程度に少量使い、型でまとめながら菜箸で空気を入れつつ揚げることで、サクサクとした軽い食感に仕上げる。

▶売価：600円（税込）　▶提供時期：通年

## ごぼう天

ゴボウと桜エビを組み合わせた人気のかき揚げ。それぞれ天ぷら衣と合わせて生地を作ったのち、ゴボウの生地から先に揚げはじめ、後から桜エビの生地を足して二層仕立てに。高さが出て見た目もよく、ボリューム感も魅力にする。せいろと組み合わせた商品も人気。

▶売価:330円(税込)　▶提供時期:通年

東京・神楽坂

# 石臼挽き手打　蕎楽亭

## 多彩なつまみ料理、こだわりの天ぷらでファンを掴む人気店

そば店には珍しいカウンター主体の店づくりで、そばと揚げたての天ぷらを楽しませるスタイルが評判の人気店。神楽坂の表通りから一本入った路地裏にありながら、連日、ファン客で賑わう。そばは店主の長谷川健二氏の故郷である会津産の玄そばと丸抜きを自家製粉し、手打ちの「十割そば」と「ざるそば」を提供。さらに、小麦を製粉し、自家製のうどんとひやむぎも人気を集める。夏場の「トマト」といった創作そばも名物としてファンが多い。つまみ料理も豊富で季節の商品や天ぷらを含めて40品近くを揃えている。店主の故郷にちなんだ馬刺しやこづゆといった料理をはじめ、牛スジ煮込みや肉豆腐など、バラエティーに富む。店の売り物である天ぷらは活けの才巻エビ、毎朝店で締める穴子、季節の鱧や白子、山菜など素材にこだわる。一つひとつ丁寧に揚げるおいしさが多くのお客を魅了している。

そば・うどんメニューは季節の商品を含めて約40種類ほど提供する。写真は定番商品で温かいそばの「肉」1000円（税抜）。つまみ料理の「肉豆腐」に同じ豚バラ肉やかけ汁を使用し、食材のロスを防いでいる。

店主　長谷川健二氏

日本酒は常時18種類を提供。「花泉」「宮泉写楽」「泉川」「豊国」「山の井」「央」「奈良萬」など、福島県の蔵元の酒を中心に揃え、個性化を図る。多彩なつまみ料理や天ぷらとともに日本酒を楽しむ酒客を掴んでいる。

| | |
|---|---|
| 住所 | 東京都新宿区神楽坂3-6<br>神楽坂館1階 |
| TEL | 03-3269-3233 |
| 営業時間 | 月曜日17時～21時、火曜～土曜日11時30分～15時、17時～21時 |
| 定休日 | 日曜日・祝日 |

天ぷらは店主の長谷川氏が揚げたてを一つひとつ提供。専門店のようにコース感覚で楽しませて評判に。

## コンニャク田楽

温めた自家製の田楽味噌をかけたコンニャクの田楽。田楽味噌には柚子と一味唐辛子を加え、独特の風味を工夫している。柚子の香りと唐辛子のピリッとした辛味がクセになると評判だ。仕込んでおいた田楽味噌とコンニャクを温めるだけなので、スピード提供できる。

▶売価：640円（税抜）　▶提供時期：通年

## 煮穴子

そば汁の味とふっくらとした食感が人気の一品。注文ごとに穴子を煮穴子用の煮ツメ、かけ汁、グラニュー糖で煮込み、じっくりと味を含ませて提供する。煮ツメのベースはもり汁とグラニュー糖を煮詰めたものを使っており、そば店らしい味づくりを工夫。薬味に粉山椒を添える。

▶売価：1680円（税抜）　▶提供時期：通年

# 穴子の肝の佃煮

天ぷら用に店でさばく、活けの穴子の肝を使った自家製の佃煮。ほろ苦い大人の味わいが日本酒とよく合い、酒肴としての注文を掴んでいる。彩りに大葉と白髪ネギをあしらう。煮詰めた肝はストックに継ぎ足し、味を馴じませる。

▶売価：680円（税抜）　▶提供時期：通年

# おひたし

旬の野菜や山菜をお浸しにして提供し、女性客に好評だ。写真は冬場に提供するホウレン草のお浸し。冬は他にセリ、根三つ葉、アサツキなども提供。春はウルイやコゴミ、ワラビ、カタクリの花などの山菜が登場する。浸し地にはうどん用のもり汁を使用し、店の味を活かしている。

▶売価：740円（税抜）　▶提供時期：通年

# 味噌きゅうり

自家製の田楽味噌を使ったつまみ料理として開発。キュウリに添えて〝もろきゅう〟風に楽しませる。もろみ味噌とはひと味違った、シンプルながらも田楽味噌のおいしさが酒をすすめると人気のつまみ料理に。注文後、すぐに出せるスピード料理としても活躍している。

▶売価：550円（税抜）　▶提供時期：通年

## 煮湯葉玉子とじ

熱々の汁の中で一体となる煮湯葉と玉子の上品な味わいが人気の一品。はんなりとした煮湯葉と、ふんわりととじた玉子の相性が抜群で、女性客に喜ばれている。冬場に注文が少なくなる生湯葉を無駄なく使うために開発した。

▶売価:880円(税抜)　▶提供時期:通年

## こづゆ（会津料理）

店主の長谷川氏の故郷である福島・会津の郷土料理をメニュー化した。ホタテの干し貝柱でダシを取り、醤油で味付けする。具材は里イモ、干し椎茸、豆麩、キクラゲ、しらたき、人参、ギンナンなどを入れている。ランチ時はこづゆとそばやうどん、ひやむぎが１種類セットになるランチメニューを提供する。

▶売価：480円（税抜）　▶提供時期：通年

# 肉豆腐

そばのかけ汁で豚バラ肉をやわらかく煮た温かい一品。そば・うどんメニューの「肉ざる」「肉」をつまみ料理にアレンジして開発した。具材は豚バラ肉、豆腐、長ネギ、卵黄、三つ葉。寒い冬場だけでなく、夏場はスタミナメニューとして人気を集める。かけ汁のおいしさも好評だ。

▶売価：1200円（税抜）　▶提供時期：通年

## 牛スジ煮込

上品な味わいに仕上げた人気の牛スジ煮込み。ネギでだしをとるあっさりした味わいの中に、トロトロに煮込んだ牛スジの旨みが加わる。ほどよく後を引くおいしさで最後の一滴まで飲み干せる。そばにも酒にもあう一品だ。牛スジ肉は１皿分150gを提供する。

▶売価：780円（税抜）　▶提供時期：通年

## 天ぷら（才巻二本・穴子・野菜三品）

活けの才巻エビと穴子、旬の野菜３種類を一つひとつ揚げたてで楽しませる人気の天ぷらメニュー。才巻エビは注文ごとに生け簀から取り出して調理する。胸脚部分も素揚げにして添える。才巻エビ、野菜、穴子の順に揚げたてを提供していく。穴子はメソと呼ばれる小ぶりのものを使用。

▶売価：2400円（税抜）　▶提供時期：通年

## 季節の天ぷら
### （白子・ワカサギ・野菜三品）

季節の魚貝と野菜を提供する天ぷらメニュー。写真は冬場のものでマダラの白子、ワカサギ、レンコン、カボチャ、ペコロスの内容。クリーミーでとろけるような白子、皮目が香ばしく、中はふんわりとしたワカサギなど、素材の持ち味を引き出して揚げている。

▶売価：2400円（税抜）　▶提供時期：冬

# そば屋の新しいつまみ137品
# 料理の材料と作り方

カラーページで紹介した「そば屋の新しいつまみ137品」のレシピを解説。もり汁やかけ汁、かえし、だしの材料と作り方は紹介していませんが、レシピを参考に適宜対応してください。

原＝原価率・原価
仕＝仕込みの時間
注＝注文後の提供時間

## 手打ち蕎麦 銀杏

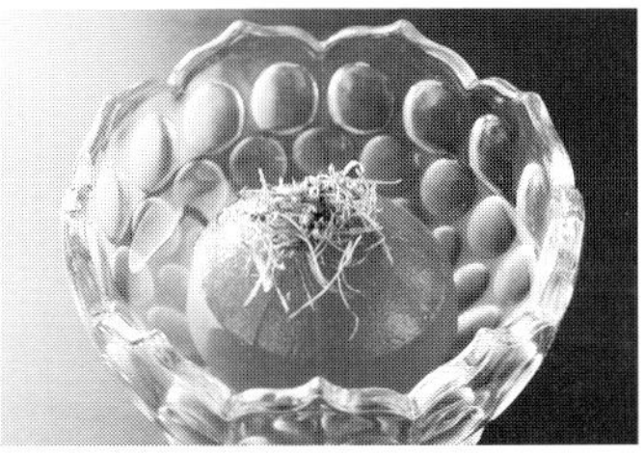

### 紅の雫（とまとのお浸し）

P.6

原 20%　仕 1日　注 5分

**材料（2皿分）**

トマト（桃太郎トマト）……2個
ニンニク……1片
漬け汁（白醤油を使った
冷かけ用のかけ汁）……350mℓ
千寿ネギ……適量
揚げ油（ゴマ油7：綿実油3）……適量
万能ネギ……適量

**作り方**

●仕込み

1 トマトは先端に庖丁で十字の切り込みを浅く入れる。
2 [1]のヘタを下にして沸騰した湯に入れ、さっと火を通す。氷水に取り、水気を切る。
3 [2]の切り込みを入れた部分から皮をむき、芯抜きでヘタの部分を切り抜く。
4 [3]のトマト、スライスしたニンニクを密封容器に入れ、漬け汁をひたひたに張る。冷蔵してひと晩浸しておく。
5 千寿ネギはせん切りにし、色が変わるまで素揚げする。

●提供

6 注文ごとに[4]のトマトを漬け汁から引き出し、八等分に切り目を入れる。器に盛り、漬け汁をたっぷりと張る。[5]と刻んだ万能ネギをのせる。

**MEMO**

トマトは甘さの強いものを選ぶ。湯むきしたトマトをニンニクを加えたかけ汁にひと晩漬け込んでなじませることで、全体がまとまるだけでなく、トマトの甘みも増す。

### ぽてとさらだ

P.7

原 20%　仕 1時間　注 3分

**材料（10皿分）**

ジャガイモ（中サイズ・男爵イモ）……5個
ベーコン……200g
キュウリ……1本
人参……1/2本
トウモロコシ
（粒・加熱したもの）……120g
生クリーム……適量
牛乳……適量
塩……適量
黒胡椒……適量
ハーブミックス……適量
そばの実……適量

**作り方**

●仕込み

1 ジャガイモは皮をむいてサイコロ状にカットし、電子レンジなどでやわらかくなるまで加熱し、つぶす。ベーコンは適度にカットし、フライパンで炒めて油を出し、余分な油を取り除く。キュウリは輪切りにする。人参は適度にスライスする。
2 ジャガイモやベーコンが温かいうちに[1]の具材とトウモロコシを混ぜ合わせ、塩、黒胡椒、ハーブミックスで調味する。
3 生クリーム2に対し、牛乳1の割合で[2]に少量ずつ加えて混ぜ合わせ、ほどよいかたさに仕上げる。

●提供

4 器に[3]を盛り、揚げたそばの実を散らす。

**MEMO**

キュウリと人参は加熱せず、ジャガイモやベーコンの余熱で火を通すことでほどよい食感を保つ。

## 銀杏のまかない豆冨

P.8

原 20%　注 1分〜2分

### 材料（1皿分）

絹ごし豆腐 …… 1/4丁
カツオ節 …… 適量
ミョウガ …… 適量
長ネギ …… 適量
万能ネギ …… 適量
揚げ玉 …… 適量
だし（湯葉用のだし・市販品） …… 30mℓ

### 作り方

1 豆腐を器に入れ、カツオ節、輪切りのミョウガと長ネギ、万能ネギ、揚げ玉をたっぷりのせる。だしを器に注いで添える。

**MEMO**

定番の"冷奴に醤油"ではなく、たっぷりの薬味とだしを組み合わせたことで魅力をアップ。そば店らしく自家製の揚げ玉を使っていることもポイントが高い。だしは京都の「錦そや」の「京とうふのおだし」を使用する。

## 夏野菜のジュレ

P.9

原 20%　仕 半日　注 5分

### 材料（1皿分）

千両ナス …… 2/3本
揚げ油（ゴマ油7：綿実油3） …… 適量
和風だし
- かけ汁 …… 50mℓ
- 生姜の絞り汁 …… 小さじ1/2
- 白醤油 …… 小さじ1
- ゼラチン …… だし全体の3％

ミニオクラ …… 4、5本
ミョウガ …… 1個
メカブの抽出液を固めたもの（製品） …… 適量

### 作り方

●仕込み

1 千両ナスを1/8に縦長にカットし、180℃の油で30秒ほど素揚げする。
2 和風だしを作る。かけ汁と生姜の絞り汁、白醤油を合わせて沸かし、ゼラチンを加えて溶かす。
3 熱い状態の2に、揚げたての1を加え、氷水であら熱を取り除き、冷蔵庫で冷やし固める。
4 ミニオクラは、塩でよくもみ、茹でる。ミョウガは薄くスライスし、水によくさらす。

●提供

5 注文ごとに3を崩してボウルに入れ、4のミニオクラとミョウガを加えて和える。
6 水にさらしたメカブの抽出液を固めたものを器に敷き、5をのせる。

**MEMO**

和風だしに加えるゼラチンは、固まるギリギリまで量を減らし、舌ざわりのよさを工夫。ジュレと野菜類は、水が出るため注文ごとに和える。

## 加茂茄子の田楽

P.10

原 30%　注 15分

### 材料（1皿分）

加茂ナス（中心の厚みのある部分のみを使用。1個から3皿分をとる） …… 1/3個
田楽味噌（練りゴマ、西京味噌、かけ汁、砂糖を同割りで混ぜ合わせ、一味唐辛子を適量加えたもの） …… 適量
揚げ油（ゴマ油5：綿実油5） …… 適量
そばの実 …… 適量

### 作り方

1 加茂ナスは中心の厚みのある部分を1.5cm幅にカットする。厚みの1/3くらいまで格子に隠し庖丁を入れる。
2 180℃の油で1を3分ほど素揚げする。表面にこんがりと色がつき、すっと箸が通るまで火を通す。
3 隠し庖丁を入れた面に田楽味噌をたっぷりと塗り、器に盛る。揚げたそばの実を散らす。

**MEMO**

身の詰まった加茂ナスに隠し庖丁をしておくことで、中までよく火を通す。食べるときも、箸がすっと入って食べやすい。

## 穴子の煮凍り

P.11

原 35%　仕 1日　注 5分

### 材料（12皿分）

穴子 …… 6本
煮汁
- 酒 …… 500mℓ
- 味醂 …… 1ℓ
- 薄口醤油 …… 150mℓ
- 水 …… 1650mℓ

針生姜 …… 大きな固まり2個分
水（煮汁調整用） …… 適量
ゼラチン …… 16g
軸三つ葉 …… 適量
人参 …… 適量
ワサビ …… 適量

### 作り方

●仕込み

1 活けの穴子をさばく。皮目を上にして置き、熱湯をかける。庖丁の背の部分でぬめりを取り除き、背ビレ、腹ビレをはさみで切る。

2 煮汁の材料を鍋に入れ、強火で加熱して沸騰させる。1の穴子、針生姜を加え、最初は強火で炊く。アクが出てきたら取り除き、アクが出てこなくなったら、中火から弱火で2時間コトコト煮込む。煮汁が半分以下になるまで煮詰めていき、火を止めてひと晩置いておく。

3 翌朝煮汁から穴子と針生姜を取り出す。流し缶の底に隙間なく穴子を敷き詰め、その上に針生姜を並べる。

4 2の煮汁は仕上がりが1ℓになるように、味を調整しながら水を加えて小鍋に入れる。一度沸騰させてアクを取り除き、火を止める。ゼラチンを加え、熱いうちに漉し、3の流し缶に流す。あら熱が取れたら冷蔵庫に入れ、冷やし固める。

●提供

5 4を適度な大きさにカットし、器に盛る。軸三つ葉、型で抜いて茹でた人参を飾り、ワサビを添える。

**MEMO**

活けの穴子を使うことで味わいをアップ。丁寧な下処理と、煮る際にこまめにアクを取り除くことで臭みを出さない。

## 冷製アサリの酒蒸し

P.12

原 35%　仕 2時間　注 5分

### 材料（1皿分）

アサリ（大粒のもの） …… 20個
日本酒 …… 100mℓ
かけ汁 …… 100mℓ
白だし …… 大さじ2
おろし生姜 …… 小さじ1
芽ネギ …… 適量
柚子の皮 …… 適量

### 作り方

●仕込み

1 アサリは砂抜きをしておき、よく洗って深鍋に入れる。日本酒とかけ汁をアサリが完全に浸るように加える。白だしとおろし生姜を加えて火にかけ、沸騰させる。アサリの口が開いたら火を止める。

2 鍋ごと氷水で急冷し、身が乾くのを防ぐため、蓋をしておく。あら熱が取れたら冷蔵庫で保存する。

●提供

3 注文ごとに2のアサリと煮汁を器に盛る。小口切りにした芽ネギと柚子の皮をかける。

**MEMO**

貝は加熱時間が長いと、身がかたくなってしまう。酒蒸しした後は、すぐに鍋ごと氷水で急冷してあら熱を取り除くことで、身がやわらかくプリプリの食感を保つ。

## 合鴨の治部煮

P.14

原 35%　注 15分

### 材料（1皿分）

合鴨ロース肉 …… 4枚
片栗粉 …… 適量
もり汁 …… 適量
マッシュポテト（皮をむいてサイコロ状にカットしたジャガイモを電子レンジでやわらかくなるまで加熱し、つぶしてからバター、生クリームを加え、ほどよいかたさまでのばしたもの） …… 50g
シシトウ …… 3本
辛子 …… 適量

### 作り方

1 合鴨ロース肉は薄くスライスする。表面に片栗粉を打ち、もり汁で火が通るまで3分ほど炊く。

2 マッシュポテトは電子レンジで温める。シシトウは素揚げする。

3 1を煮汁ごと器に入れ、2のマッシュポテトとシシトウを添える。辛子をのせる。

**MEMO**

合鴨ロースを薄切りにすることで、注文ごとにさっと調理できるように工夫し、手間とロスを防ぐ。

## 鳥焼き

P.15

原 35%　注 15分

### 材料（1皿分）

| | |
|---|---|
| 鶏モモ肉 | 1/2枚 |
| 千寿ネギ | 1本 |
| ゴマ油 | 適量 |
| 藻塩 | 適量 |
| 奴ネギ | 適量 |

### 作り方

1. 鶏モモ肉はひと口大にカットする。千寿ネギは笹打ちにする。
2. フライパンに多めにゴマ油をひき、鶏モモ肉を強火で焼く。両面をしっかりと焼き、藻塩で調味する。千寿ネギを加え、くたっとするまで加熱する。
3. 器に2を盛り、刻んだ奴ネギを散らす。

**MEMO**

ゴマ油はネギに吸わせることを考えて多めに。千寿ネギは火の通りが早いので、鶏肉に完全に火が通ってから加え、さっと炒める。

## 牡蠣のステーキ

P.16

原 45%　注 15分

### 材料（1皿分）

| | |
|---|---|
| 生牡蠣（岩手県広田湾産） | 4個 |
| 薄力粉 | 適量 |
| ゴマ油 | 適量 |
| 塩 | 適量 |
| 黒胡椒 | 適量 |
| ハーブミックス | 適量 |
| 長ネギ | 適量 |
| 奴ネギ | 適量 |
| スダチ | 1/2個 |

### 作り方

1. フライパンにたっぷりのゴマ油を入れて熱し、表面に薄力粉を打った生牡蠣を入れ、焦げないようにフライパンを常に揺らしながら、強火で加熱する。焼き色がついたら裏返し、塩、黒胡椒、ハーブミックスをかけて弱火にし、中までしっかり火を通す。焼き色がついたら再度面を返し、カリカリになるまで加熱する。
2. 別のフライパンにゴマ油をたっぷりと入れて、斜め切りにした長ネギをしんなりするまで炒める。塩、黒胡椒、ハーブミックスで調味する。
3. 器に1を置き、その上に2をのせる。刻んだ奴ネギをたっぷりのせ、スダチを添える。

**MEMO**

牡蠣から水分が出てきて表面がしなっとなりがちなので、時間をかけてしっかりと火を通し、外側をカリッと仕上げる。

## 牡蠣の天ぷら

P.17

原 45%　注 15分

### 材料（1皿分）

| | |
|---|---|
| 牡蠣 | 4個 |
| 伏見唐辛子 | 1本 |
| 金時人参 | 適量 |
| クワイ | 1個 |
| 薄力粉 | 適量 |
| 天ぷら衣 | 適量 |
| 揚げ油 | 適量 |
| 藻塩 | 適量 |
| スダチ | 1/2個 |

### 作り方

1. 牡蠣に薄力粉をまぶし、天ぷら衣をつけ、180℃の油で揚げる。油に牡蠣を入れることで175℃くらいまで温度が下がるが、そのままの温度をキープし、5分ほどじっくりと揚げる。仕上がりに向けて180℃くらいまで温度を上げ、カラッと仕上げる。細かな泡が出てこなくなり、ある程度色づいてきたら油から引き上げる。
2. 伏見唐辛子、金時人参、クワイに薄力粉をまぶし、天ぷら衣をつけ、175～180℃の油で1～2分揚げる。
3. 器に1、2を盛る。藻塩をふり、スダチを添える。

**MEMO**

牡蠣からエキスが出て油が汚れるので、牡蠣専用の鍋を用意し、他の揚げ物とは使い分ける。

### ▸『銀杏』の天ぷら

**【天ぷら衣】**
卵、水、薄力粉を冷蔵庫で冷やしておき、注文ごとに混ぜ合わせて作る。かための衣で、薄くつけることで、食材の中に油が入り込まずカラッと揚がるという。

**【揚げ油】**
ゴマ油7に対し、綿実油3の割合でブレンド。高級なものを使い、酸化に留意して毎日交換する。

**【塩】**
天ぷらは基本塩で提供。長崎産の藻塩「一支國の塩」(㈱なかはら)を直接仕入れて使用。粒子が粗くつけて食べるのには向かないため、かけた状態で提供する。

## かき揚げ天

P.18

原 30%　注 10分

### 材料（1皿分）

軸三つ葉 …… 1つかみ分
釜揚げ桜エビ …… 20g
天ぷら衣 …… 大さじ3
揚げ油 …… 適量
藻塩 …… 適量

### 作り方

**1** 軸三つ葉は下茹でして水にさらし、水気を切る。
**2** 1と釜揚げ桜エビをボウルに入れ、天ぷら衣を加えてからませる。
**3** 175～180℃の油に、2の生地を一気に流し入れる。金串で上からたたくようにして薄く伸ばす。ひと口大の大きさに分かれるように仕上げる。
**4** 器に3をこんもりと重ねて盛る。藻塩をふり提供。

**MEMO**

天ぷら衣の量は具材にからむ程度の少なめに使用。揚げながら薄く伸ばしてばらけさせ、ひと口大の大きさに。全体がかりっと仕上がり、女性でも食べやすい。

## 旬野菜の天ぷら

P.19

原 30%　注 10分

### 材料（1皿分）

クワイ …… 1個
ムカゴ …… 1個
ミョウガ …… 1/2本
ペコロス …… 1個
ベビーコーン …… 1本
カボチャ …… 適量
安納イモ …… 適量
舞茸 …… 適量
大シメジ …… 1本
平茸 …… 適量
椎茸 …… 適量
人参 …… 1切れ
金時人参 …… 1切れ
ナス …… 1/2個
パプリカ（赤） …… 適量
伏見唐辛子 …… 1本
シシトウ …… 1本
天ぷら衣 …… 適量
揚げ油 …… 適量
藻塩 …… 適量

### 作り方

**1** クワイは皮をむく。ムカゴは電子レンジで加熱する。その他の野菜類は適度な大きさにカットする。
**2** 1の野菜類に天ぷら衣をつけて揚げる。175～180℃の油で揚げる。
**3** 器に2を盛り、藻塩をかけて提供。

**MEMO**

野菜類は彩りも考慮して組み合わせ、薄衣で仕上げて見た目にもきれいに仕上げる。

## 焼き茄子の生ハム巻き

P.21

原 20%　仕 15分　注 5分

### 材料（1皿分）

ナス（中サイズ） …… 1本
漬け地
［かけ汁 …… 適量
　水 …… 適量
生ハム …… 15～16g
糸唐辛子 …… 適量
菊花 …… 適量
枝豆 …… 適量

### 作り方

●仕込み

**1** ナスは皮ごと直火で丸焼きにする。皮を手でむく。
**2** かけ汁を水で同割りにしたものを小鍋で温め、1を漬け込む。冷めたら保存容器に入れて冷蔵庫で保存しておく。

●提供

**3** 注文ごとに2のナスを漬け地から引き出し、先端の細い部分を切り落として三等分の輪切りにし、さらに縦半分に切る。
**4** 生ハムは3のナスの幅に合わせ、細長くカットする。
**5** 3のナスを4の生ハムで巻く。
**6** 器に5を盛り、糸唐辛子、茹でた菊花、茹でた枝豆を飾る。

**MEMO**

そば用のかけ汁をナスの漬け地に活用。組み合わせる生ハムの塩気などを考慮し、かけ汁を水で割って薄味にしておく。

## 焼玉葱の丸ごとポン酢

P.22

原 20%　注 7分

### 材料（1皿分）

- 玉ネギ …… 1個
- ポン酢 …… 適量
- カツオ節 …… 適量
- 海苔 …… 適量
- 万能ネギ …… 適量

### 作り方

1. 玉ネギは皮をむき、先端部分を切り落とす。
2. ①の表面を直火で焼き、表面に焦げ目を付ける。
3. ②をラップで包み、電子レンジで4～6分ほど加熱し、中まで火を通す。
4. ③のラップを外し、四等分にして器に盛る。ポン酢をかけ、カツオ節、手でちぎった海苔、輪切りの万能ネギをのせる。

**MEMO**

玉ネギを丸ごと1個使うことでインパクトを工夫。玉ネギ、ポン酢の他には、カツオ節や海苔など、そば店の定番食材を活用してロス防止と原価ダウンに。

## いろいろ茸のみぞれ酢和え

P.23

原 20%　仕 10分　注 2分～3分

### 材料（1皿分）

- キノコ類（シメジ、舞茸、エノキ、ナメコ、白キクラゲ、黒キクラゲなど） …… 適量
- 漬け汁
  - かけ汁 …… 適量
  - 水 …… 適量
  - 白醤油 …… 少々
- 大根おろし …… 50g
- 土佐酢＊ …… 適量
- 三つ葉 …… 1本
- 菊花 …… 適量

＊土佐酢
材料（1回の仕込み量）
- 濃口醤油 …… 2（割合）
- ダイダイ酢 …… 1（割合）
- カツオ節 …… 20g

### 作り方

●仕込み

1. キノコ類は石突きを切り落とし、細かく分ける。白キクラゲ、黒キクラゲなどの乾物系のキノコ類は水戻しし、適度に刻む。
2. 小鍋にかけ汁と水を同割りで入れ、白醤油で薄味に調味する。①を加えて軽く煮込む。
3. ②を保存容器に移し、あら熱が取れたら冷蔵保存しておく。
4. 土佐酢を作る。濃口醤油とダイダイ酢を810㎖になるように2対1の割合で合わせ、カツオ節とともに鍋に入れる。火にかけてひと煮立ちしたら火を止め、冷ましてから漉す。保存容器に移して冷蔵庫で保存する。

●提供

5. 注文ごとに器に漬け汁ごと③を盛る（漬け汁込みで1皿分200g）。大根おろしをのせて④の土佐酢をその上にかけ、結び三つ葉、茹でた菊花をあしらう。

## 新じゃがの唐揚げ

P.24

原 20%　注 6分

### 材料（1皿分）

- ジャガイモ（中サイズ） …… 1個
- サラダ油 …… 適量
- カレー塩（市販のカレー粉に塩を混ぜたもの） …… 適量

### 作り方

1. ジャガイモは注文ごとに泥を洗い落とし、金タワシで皮をこそげ落とす。八等分にカットする。
2. ①を175℃のサラダ油で素揚げする。中火で5～6分揚げ、ジャガイモが浮いて来たら引き上げる。
3. 器に②を盛り、カレー塩を添える。

## 蛸の南蛮漬

P.25

原 20%　仕 10分　注 5分

### 材料（1皿分）

タコ（ボイル）……90g
唐揚げ粉（市販品）……適量
サラダ油……適量
野菜類（せん切りにした玉ネギと人参少々、輪切りのタカノツメ少々を加えたもの）……10g
だし（カツオの二番だし）……適量
米酢……適量
味醂……適量
ミョウガ甘酢漬け……1/2個
糸唐辛子……適量

### 作り方

●仕込み

1 タコはひと口大にカットし、唐揚げ粉をしっかりとまぶす。冷凍保存しておくとよい。
2 だし6に対し、米酢1.5、味醂1の割合で合わせたものを小鍋に張り、野菜類を加えてひと煮立ちさせる。火を止め、あら熱が取れたら保存容器に入れて冷蔵保存しておく。

●提供

3 注文ごとに1を175℃のサラダ油でカリッと揚げる。
4 3を2の漬け汁（10mℓ分）で和え、器に盛る。2の野菜類を上にのせ、ミョウガ甘酢漬け、糸唐辛子を飾る。

**MEMO**

唐揚げ粉をたっぷりとまぶしておくと、冷凍した時に一個ずつ取り分けやすく、南蛮酢で和えた時に衣がはがれにくい。タコの他、キビナゴや真アジなど季節の小魚でアレンジ可能。

## 若鶏の岩塩焼き

P.26

原 20%　仕 90分　注 5分

### 材料（1皿分）

鶏モモ肉……1枚
ラード……適量
塩……適量
黒胡椒……適量
水菜……適量
イタリアンパセリ……適量
菊花……適量
糸唐辛子……適量
ニンニクチップ……適量
レモン……適量
柚子胡椒……適量

### 作り方

●仕込み

1 鶏モモ肉は65～75℃のラードで1時間揚げる。ラードごと保存容器に移し、冷蔵保存しておく。

●提供

2 注文ごとに1の鶏モモ肉をラードから引き出し、フライパンで皮目を焼き、中まで温める。塩、黒胡椒で調味し、ひと口大にカットする。
3 器に2を盛り、水菜、イタリアンパセリ、菊花、糸唐辛子、ニンニクチップを飾る。レモン、柚子胡椒を添える。

**MEMO**

低温で長時間じっくりと揚げるコンフィにすることで、肉がしっとりとやわらかく仕上がる。揚げ油に使ったラードに漬けたまま空気に一切触れさせずに冷蔵保存すると、1ヵ月ほど保存が可能。

## おつまみ鶏チャーシュー

P.27

原 20%　仕 20分　注 2分

### 材料（6皿分）

鶏モモ肉……2枚
そば用のかえし……108mℓ
水……108mℓ
中華万能調味料（清湯スープベース）……5g
葉物野菜……適量
白髪ネギ……適量
柚子胡椒……適量

### 作り方

●仕込み

1 かえし、水、中華万能調味料を合わせたものに、鶏モモ肉を入れ、ひと煮立ちさせ、そのまま冷ます。
2 1の鶏モモ肉を煮汁から引き出す。軽くたたいて伸ばし、筒状に丸める。アルミホイルで巻き、蒸し器で16分ほど蒸す。
3 2が冷めたら、冷蔵庫に入れひと晩寝かせる。

●提供

4 注文ごとに3をスライスし、器に盛る。葉物野菜、白髪ネギ、柚子胡椒を添える。

**MEMO**

軽く煮て下味を入れたのち蒸し上げることで、やわらかく仕上げる。加熱後、冷蔵保存しておくと1週間ほど保存が可能。

## 大根ステーキフォアグラのせ

P.28

原30%　仕30分　注5分

### 材料（1皿分）

| | |
|---|---|
| 大根 | 120g |
| かけ汁 | 適量 |
| 水 | 適量 |
| フォアグラ | 30g |
| 薄力粉 | 適量 |
| 太白ゴマ油 | 適量 |
| かえし（フォアグラ調味用） | 10mℓ |
| 長ネギ | 適量 |
| 菜花 | 適量 |
| 辛子 | 適量 |

### 作り方

●仕込み

1 大根は厚めの輪切りにし、表面に隠し庖丁を入れる。米のとぎ汁で串が通るまで煮る。

2 かけ汁と水を同割りにした煮汁で、1の大根を10分ほどにて、味を入れる。煮汁から引き出し、冷ましてから保存容器に入れて冷蔵庫で保存しておく。

●提供

3 注文ごとに2の大根を電子レンジで温め、太白ゴマ油をひいたフライパンで表面に焦げ目がつくまで焼く。

4 フォアグラは表面に薄力粉を打ち、油をひかずにフライパンで焼き色が付くまで両面を焼く。余分な油を取り除き、かえしで調味する。

5 器に3、4を盛り、焼きネギ、茹でた菜花を添える。4でフライパンに残ったソースをかけ、辛子をのせる。

**MEMO**

調味にはかけ汁を活用し、そば店らしさを工夫。フォアグラを焼く際には、フライパンに油をひかず、余分な油を取り除く。一方、大根を焼く際にはゴマ油をひき、コクと味わいをプラスする。

## そばがきフォアグラ

P.29

原20%　注5分

### 材料（1皿分）

| | |
|---|---|
| そばがき | |
| そば粉（手挽き粉） | 50g |
| 水 | 130g |
| ミニトマト | 1個 |
| インゲンマメ | 適量 |
| フォアグラ | 30g |
| シメジ | 適量 |
| かえし | 適量 |
| ゴボウチップス | 適宜 |

### 作り方

1 ミニトマトは湯むきして皮をむく。インゲンマメは下茹でしておく。

2 熱したフライパンにフォアグラを入れ、中火で焼く。火が通り始めたら空いたスペースにシメジを入れて炒め、全体にかえしを回しかけて味付けする。

3 そばがきを作る。小鍋に水とそば粉を溶き、火にかける。しゃもじを使い、強火で空気が入るようにふんわりと一気にこね上げる。

4 器に3を盛り、その上に2のフォアグラをのせる。野菜を周囲に飾りつけ、フライパンに残ったソースをそばがき全体に回しかける

**MEMO**

フォアグラはハンガリー産を使用。昨今、ファミレスのメニューにも登場するなど、身近な食材になりつつあるフォアグラをそば屋流にアレンジ。

## 馬タンステーキ

P.30

原35%　仕5分　注7分

### 材料（1皿分）

| | |
|---|---|
| 馬タン | 50g |
| 塩・胡椒 | 適量 |
| タレ＊ | 適量 |
| サラダ野菜（水菜、人参、紫玉ネギ、パプリカ） | 適量 |

＊タレ

材料（10皿分）

| | |
|---|---|
| 玉ネギ | 90g |
| 醤油 | 180mℓ |
| 味醂 | 18mℓ |
| 黒胡椒 | 適量 |

### 作り方

●仕込み

1 タレを作る。フードプロセッサーに切り分けた玉ネギを投入し、なめらかになるまで撹拌する。

2 小鍋に1、醤油、味醂、黒胡椒を加えて火にかけ、ひと煮立ちしたら火を止め、冷ましてから保存容器に入れて冷蔵庫で保存する。

●提供

3 馬タンの塊肉を6枚ほどにスライスし、片面に格子状に切り目を入れる。塩・胡椒をした後、フライパンでさっと焼く。器にサラダ野菜を敷き、焼いた馬タンを盛り、上から2のタレをかける。

## ふぐの天婦羅

P.31

原 30%台　注 5分

**材料**（1皿分）

| | |
|---|---|
| フグ（身欠き） | 1尾 |
| 大葉 | 1枚 |
| ギンナン | 2個 |
| 薄力粉 | 適量 |
| 天ぷら衣 | 適量 |
| 揚げ油 | 適量 |
| もみじおろし | 適量 |
| レモン | 適量 |
| 天つゆ | 適量 |

**作り方**

1 フグは三枚におろす。
2 [1]の表面に薄力粉を打ち、天ぷら衣を薄めにつける。
3 [2]を180℃の油で1分半～2分揚げる。
4 大葉、ギンナンはそれぞれ衣付けし、180℃の油でさっと揚げる。
5 器に[3]、[4]を盛り、もみじおろし、レモン、天つゆを添える。

### 『玄治』の天ぷら

**【天ぷら衣】**
薄力粉1に対し、卵水2の割合で緩めに作る。卵水は水1ℓに対し、卵1個を使用。素材が見えるように薄衣が基本。

**【揚げ油】**
サラダ油2に対し、太白ゴマ油1の割合でブレンド。ほどよく香り、さっぱりと揚がる。油は毎日交換する。

**【天つゆ】**
一番だし9に対し、薄口醤油1、味醂1の割合で合わせて作る。

## 北海天婦羅

P.32

原 30%台　注 5分

**材料**（1皿分）

| | |
|---|---|
| ホタテ貝 | 1個 |
| 牡蠣（蒸したもの） | 1粒 |
| シシャモ | 1尾 |
| スケトウダラ | 1切れ |
| メゴチ | 1尾 |
| エビ | 1尾 |
| イカ | 1切れ |
| サケ | 1切れ |
| ナス | 適量 |
| 春菊 | 適量 |
| ミニトマト | 1個 |
| 薄力粉 | 適量 |
| 天ぷら衣 | 適量 |
| 揚げ油 | 適量 |
| もみじおろし | 適量 |
| レモン | 適量 |
| 天つゆ | 適量 |

**作り方**

1 材料はそれぞれ下処理する。ミニトマトは揚げる時に爆発しないように金串などで皮に穴をあけておく。
2 [1]の材料それぞれ薄力粉を打ち、天ぷら衣を薄めにつけ、火の通りにくいものから順に175℃の油で揚げていく。
3 器に[2]を盛り、もみじおろし、レモン、天つゆを添える。

**MEMO**
ホタテ貝やサケなど、旬のものを取り入れて魅力を高める。素材が見えるようにできるだけ薄衣で揚げる。

## 酒蒸野菜の和風バーニャ

P.34

原 27%　仕 30分　注 10分

**材料**（1皿分）

A
長ネギ、ジャガイモ、赤カブ、紫イモ、カボチャ、赤大根、ブロッコリー、オレンジカリフラワー、金時人参、椎茸 …… 各1カット

B
白菜、水菜、エノキ茸 …… 各適量

| | |
|---|---|
| 日本酒 | 適量 |
| 和風バーニャカウダソース＊ | 50㎖ |

**＊和風バーニャカウダソース**
材料（10皿分）

| | |
|---|---|
| ニンニク（半分にカット） | 70g |
| 玉ネギ（ぶつ切り） | 70g |
| 牛乳 | 180㎖ |
| 昆布とカツオ節のだし | 100㎖ |
| アンチョビ | 35g |
| オリーブオイル | 70㎖ |
| 薄口醤油 | 適量 |

**作り方**

●仕込み
1 和風バーニャカウダソースを作る。鍋にニンニクと玉ネギ、牛乳、昆布とカツオ節のだしを入れて火にかけ、ニンニクと玉ネギがやわらかくなるまで煮る。
2 ニンニクと玉ネギを取り出し、アンチョビ、オリーブオイルを加えてミキサーにかけ、ペースト状になったら鍋に戻し入れ、ひと煮立ちしたら薄口醤油で味を調える。あら熱が取れてから冷蔵庫で保存する。

●提供
3 AとBの野菜はそれぞれ食べやすい大きさにカットしておく。
4 土鍋にAの野菜を入れ、日本酒を注ぎ、蓋をして電子レンジに5分かける。
5 [2]の和風バーニャカウダソースを温め、器に注ぎ客席へ。
6 [4]にBの野菜を加えて火にかけ、グツグツと煮立ったら客席へ。

**MEMO**
野菜は根菜を中心に葉物も揃え、時間差で火入れをすることで、野菜の持ち味を活かす。根菜を電子レンジでやわらかくしてから葉物を加えて火にかけ、シャキシャキ感を残す。

## アボカドホタテマヨしょう油焼

P.35

原 35%　注 15分

### 材料（1皿分）

アボカド …… 1/2個
ベビーホタテ …… 4個
濃口醤油 …… 適量
自家製マヨネーズ（卵と酢、砂糖、塩、薄口醤油、白味噌をよく混ぜ合わせ、撹拌しながら太白ゴマ油を少しずつ加えて乳化させたもの） …… 適量
香草パン粉 …… 適量

### 作り方

1. アボカドは半分に切って種を取る。アルミホイルで台を作り、アボカドをのせ、サラマンダーで両面を素焼きにする。
2. ベビーホタテはボイルして水気を取り、濃口醤油をまぶし、アボカドのくぼみに詰める。[a]
3. [2]に自家製マヨネーズをたっぷり入れ、香草パン粉をふりかける。表面に焦げ目がつくまでサラマンダーで焼き、器に盛る。

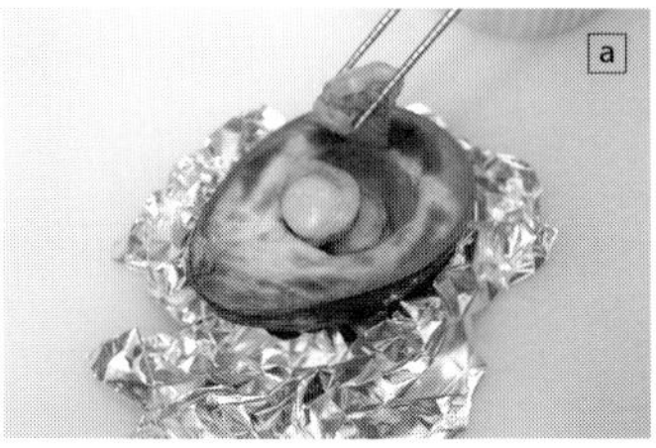


**MEMO**

アボカドは完熟したものを使用。火を入れた時に、とろりとやわらかくなり、クリーミーに仕上がる。

## かものかえしあえ

P.36

原 26%　仕 30分　注 1分

### 材料（10皿分）

鴨モモ肉（一枚肉） …… 1kg（2〜4枚）
塩 …… 適量
黒胡椒 …… 適量
かえし …… 適量
万能ネギ（小口切り） …… 適量
白髪ネギ …… 適量

### 作り方

●仕込み

1. 鴨モモ肉は塩、黒胡椒をふり、サラマンダーで両面を焼き、ミディアム程度の焼き加減に仕上げる。
2. 焼き上がったら冷まして冷蔵庫に入れる。ある程度肉を固めて薄くスライスし、冷蔵保存する。

●提供

3. 器に[2]を盛り、かえしを塗り、万能ネギを散らし、白髪ネギを添える。

**MEMO**

鴨南蛮そばにも使用するため、鴨肉は焼き上げてスライスしておく。パサつかないよう火を入れすぎず、しっとり焼き上げること。

## だしオムレツ

P.37

原 22%　注 5分

### 材料（1皿分）

卵 …… 2個
かけ汁 …… 20mℓ
塩 …… ひとつまみ
サラダ油 …… 適量
八方あん＊ …… 20mℓ
万能ネギ（小口切り） …… 適量

＊八方あん
材料（割合）
昆布とカツオ節のだし …… 9
薄口醤油 …… 1
日本酒 …… 1
味醂 …… 1
水溶き片栗粉 …… 適量

### 作り方

1. 卵を溶きほぐし、かけ汁、塩を加えて混ぜ合わせる。
2. フライパンにサラダ油を熱し、[1]の卵液を流し入れ、手早くかき混ぜ、半熟状になったら鍋肌を使ってオムレツ状に形を整え、器に盛る。
3. 八方あんを作る。昆布とカツオ節のだしに薄口醤油、日本酒、味醂を合わせて火にかけ、煮立ったら水溶き片栗粉で薄くとろみをつける。
4. [2]に[3]をかけ、万能ネギを散らす。

**MEMO**

表面をなめらかに、内側をふんわり仕上げるため、火が入りすぎないよう手早く仕上げる。八方あんは作っておき、提供時に温めればより時間短縮できる。

## 酒粕チーズ

P.38

原 22%　仕 30分　注 2分

### 材料（作りやすい分量）

クリームチーズ……1kg
大吟醸酒粕……500g
アーモンド……30g
カシューナッツ……30g
塩……小さじ2
大葉……適量
クラッカー……適量

### 作り方

●仕込み

1 クリームチーズと酒粕は常温に戻しておく。
2 アーモンドとカシューナッツは乾煎りして細かく砕く。
3 クリームチーズと酒粕を練り混ぜ、2と塩を加えて混ぜ合わせる。
4 1皿分40gずつに小分けしておく。

●提供

5 器に大葉を敷き、4を盛り、クラッカーを添える。

**MEMO**

なめらかに混ぜるにはクリームチーズも酒粕も常温に戻しておくこと。冬場など気温の低い時は湯せんにかけながら練り混ぜてもよい。

## 日向鶏のレバーパテ

P.39

原 23%　仕 3時間　注 2分

### 材料（作りやすい分量）

レバー（ハツ付き）……2kg
玉ネギ（スライス）……1kg
煮汁
　昆布とカツオ節のだし……300mℓ
　日本酒……200mℓ
　醤油……100mℓ
　砂糖……100g
　ニンニク（ぶつ切り）……少々
バター……250g
ウィスキー……100mℓ
クラッカー……適量

### 作り方

●仕込み

1 レバーはハツごと使用する。脂と血管を丁寧に掃除し、酢を加えた湯で下茹でする。沸騰してきたら火を弱め、アクを取り除く。アクが出きったら流水にさらす。
2 鍋に1と玉ネギを入れ、煮汁の材料を加えて火にかけ、汁気が少なくなるまで煮詰める。
3 火を止めてからバターとウィスキーを加えてよく混ぜ合わせ、バターを溶かし込む。
4 3をフードプロセッサーにかけてなめらかにし、ボウルなどに流し入れ、ラップをかけて冷蔵庫で冷やし固める。
5 冷やし固まったら1皿分40gずつ小分けし、ラップで包む。

●提供

6 提供時にラップから外してクラッカーとともに器に盛る。

**MEMO**

・下茹での際は酢を加えることでレバーの臭みが抜ける。下茹で後は充分に水にさらし、酢が残らないように注意する。
・レバーパテは1週間くらい保存可能。まとめて作り、小分けした状態で冷凍保存もできる。

## そばパテ・ド・カンパーニュ

P.40

原 約150円（1皿分）　仕 1日　注 5分

### 材料（パウンドケーキ型1台分）

豚バラ肉（ブロック）……500g
塩（肉の重量の2%）……10g
黒胡椒……少々
そばがき
　そば粉（挽きぐるみ）……110g
　かけ汁……220mℓ
白ネギ（粗みじん切り）……適量
バケット……適量

### 作り方

●仕込み

1 豚バラ肉は塊のまま塩と黒胡椒をよくもみ込み、ラップで包んで冷蔵庫でひと晩おく。
2 1の豚肉を5㎜角程度に細かく切る。
3 そばがきを作る。そば粉にかけ汁を加え、火にかけながら練り合わせる。
4 2の豚肉をテフロン加工のフライパンに入れ、あら熱を取ったそばがき、薬味の白ネギを加えてよく混ぜ合わせる。
5 テフロン加工のパウンドケーキ型に、4を隙間ができないようぴっちり詰め、ラップで密閉し、1時間ほどとろ火で湯せんにかける。
6 表面が盛りあがってきたら火を止め、湯につけたままゆっくり冷ます。
7 室温まで冷めたら冷蔵庫で保管する。

●提供

8 提供時は1皿分40g程度でカットして器に盛り、バケットを添える。

**MEMO**

・そばの香りがなくなってしまうので、黒胡椒はごく少量に。できれば無いほうがいいが、手でもみ込むため、防腐剤の代わりに使用している。
・テフロン加工のフライパンを使って混ぜるとそばがきがくっつきにくく、調理しやすい。
・パテを冷ましている間に表面に豚肉の脂が浮いてくる。この脂が表面を覆うことで日持ちもする。仕込んだ後は翌日から使うことができるが、3日～1週間程度たってからがおいしい。味が落ち着き、熟成した旨みも出てくる。

## ふく花風蕎麦がき

P.41

原 15%　注 10分

### 材料（1皿分）

| | |
|---|---|
| そば粉 | 60g |
| 水 | 120mℓ |
| 八方あん（「だしオムレツ」参照） | 70mℓ |
| 刻み海苔 | 適量 |
| 万能ネギ（小口切り） | 適量 |
| ワサビ | 適量 |

### 作り方

1. そば粉を水でよく溶き、弱火で手早く練り混ぜる。
2. 器に[1]を盛り、熱々の八方あんをかけ、刻み海苔と万能ネギを散らす。ワサビを別に添えて提供する。

**MEMO**

そば粉と水を丁寧に溶き混ぜておくと、練りやすくなめらかになる。八方あんは熱々を用意する。

## 東中神そばコロッケ

P.42

原 32%　仕 60分　注 10分

### 材料（50〜60個分）

| | |
|---|---|
| 合挽肉 | 1kg |
| 長ネギ（粗みじん切り） | 1kg |
| そば（生） | 1kg |
| A | |
| 砂糖 | 大さじ4 |
| 塩 | 小さじ4 |
| 酒 | 150mℓ |
| 濃口醤油 | 70mℓ |
| 味醂 | 70mℓ |
| B | |
| 薄力粉 | 50g |
| 片栗粉 | 50g |
| 卵 | 2個 |
| おろし生姜 | 適量 |
| 黒胡椒 | 少々 |
| 薄力粉、溶き卵、パン粉 | 各適量 |
| 揚げ油 | 適量 |
| 醤油 | 適量 |

### 作り方

●仕込み

1. 大きめの鍋に合挽肉を入れて炒め、火が通ったら余分な脂を捨て、長ネギを加えて炒め合わせ、Aの材料を加えて煮詰める。汁気が少なくなったら火からおろし、冷ます。
2. 冷めてから[1]にBの材料を加えてよく混ぜ合わせる。
3. そばは細かくちぎって茹で、氷水でしめて水気を切る。
4. [2]に[3]を混ぜ合わせ、適量を取って円盤型に形を整え、薄力粉、卵、パン粉をつける。これを冷凍しておく。

●提供

5. 揚げ油を熱し、130℃くらいになったら[4]を入れ、じっくり揚げ、キツネ色になったら油を切って器に盛る。醤油を別に添えて提供する。

**MEMO**

パン粉をつけた状態で冷凍しておけるので、そばが余った時などに作り置きできる。冷凍状態から揚げるので、低温の油に入れ、時間をかけて揚げて中までしっかり火を通す。

## 東中神そばクリームコロッケ

P.43

原 28%　仕 60分　注 10分

### 材料（50〜60個分）

| | |
|---|---|
| ベシャメルソース | |
| 薄力粉 | 300g |
| バター | 300g |
| 玉ネギ（スライス） | 300g |
| 牛乳（温める） | 1ℓ |
| 昆布とカツオ節のだし（温める） | 1ℓ |
| 酒 | 100mℓ |
| 塩 | 25g |
| 白胡椒 | 少々 |
| キクラゲ（乾燥） | 50g |
| そば（生） | 1kg |
| 薄力粉、溶き卵、パン粉 | 各適量 |
| 揚げ油 | 適量 |
| とんかつソース | 適量 |

### 作り方

●仕込み

1. ベシャメルソースを作る。大きめの鍋に薄力粉を入れて火にかけ、サラサラになるまで煎り、バターを少しずつ加える。粉とバターが混ざったら、玉ネギを入れ、しんなりするまで炒める。
2. [1]に温めておいた牛乳を少しずつ加え、ダマにならないよう泡立て器でかき混ぜながらのばす。続いて温めておいた昆布とカツオ節のだし、酒を入れて混ぜ合わせ、てりが出てきたら塩、白胡椒で味を調え、火からおろす。
3. キクラゲは水につけて戻し、細かく刻む。そばは短く切って茹で、氷水でしめて水気を切る。
4. [2]のベシャメルソースに[3]のキクラゲとそばを混ぜ合わせたら、円盤型に形を整え、冷凍庫に入れて冷やし固める。
5. [4]が固まったら取り出し、薄力粉、溶き卵、パン粉の順につけ、冷凍しておく。

●提供

6. 揚げ油を熱し、130℃くらいになったら[5]を入れ、じっくり揚げ、キツネ色になったら油を切って器に盛る。とんかつソースを別に添えて提供する。

**MEMO**

[4]の工程でいったん冷やし固めるのはパン粉をつけやすくするため。「そばコロッケ」同様、低温の油から揚げる。

## とろとろ軟骨煮込み

P.44

原 37%　仕 2時間　注 10分

### 材料（作りやすい分量）

豚ノド軟骨 …… 1kg
煮汁
- 昆布とカツオ節のだし …… 400mℓ
- 水 …… 400mℓ
- 日本酒 …… 100mℓ
- 塩 …… 小さじ2
- ニンニク（ぶつ切り）、おろし生姜 …… 各少々
- 真昆布（細かく切る） …… 約10g

白ネギ（小口切り）、万能ネギ（小口切り） …… 各少々

### 作り方

●仕込み

**1** 豚ノド軟骨は薄く切っておき、下茹でしてアクを取り除く。

**2** 圧力鍋に[1]と煮汁の材料を入れて加圧し、加圧してから25分ほど煮込む。

**3** 圧が抜けたら蓋をはずし、表面に浮いている脂を取り除く。半量は営業用に、残りは冷凍保存する。

●提供

**4** 注文ごとに1皿分180gを小鍋で温め、器に盛り、白ネギ、万能ネギを散らす。

**MEMO**

真昆布はだし用だが、一緒に煮込むことでやわらかく食べられる。

## 豚テールと豚タンのなんちゃってデミグラス煮

P.45

原 36%　仕 1週間～10日間　注 10分

### 材料（1皿分）

豚タン（スライス） …… 5切れ
豚テール（スライス） …… 5切れ
サラダ油 …… 適量
デミグラスソース＊ …… 30mℓ
昆布とカツオ節のだし …… 90mℓ
水溶き片栗粉 …… 適量
ガルニ
- ジャガイモのピューレ …… 適量
- 香草パン粉 …… 適量

金時人参（輪切り） …… 2切れ

＊デミグラスソース
材料（作りやすい分量）
牛スジ …… 2kg
サラダ油 …… 適量
日本酒 …… 1.8ℓ
トマト缶（400g） …… 1缶
濃口醤油 …… 200mℓ
八丁味噌 …… 300g
田舎味噌 …… 100g
とんかつソース …… 100mℓ
玉ネギ（ぶつ切り） …… 1kg
人参（ぶつ切り） …… 200g
セロリ（ぶつ切り） …… 200g
にんにく（ぶつ切り） …… 100g
生姜（ぶつ切り） …… 30g
インスタントコーヒー …… 大さじ1
味醂 …… 250mℓ
白胡椒 …… 少々
砂糖 …… 少々

### 作り方

●仕込み

**1** デミグラスソースを作る。牛スジをぶつ切りにして茹でこぼし、サラダ油を熱したフライパンで焼き目をつけ、余分な脂を捨てる。

**2** 鍋に[1]の牛スジと他の材料をすべて入れて煮込む。営業時間中に煮込み、冷ましてから冷蔵庫で保管する。翌日、水（分量外）を足して同様に煮込んで冷ます。これを1週間～10日間繰り返したら、シノワで漉し、デミグラスソースに仕上げる。

**3** 豚タンはひと口大にカットする。豚テールはひと口大にカットし、下茹でする。それぞれサラダ油を熱したフライパンで炒めてから圧力鍋に入れ、2％の食塩水と昆布（それぞれ分量外）を加え、25分間加圧する。

●提供

**4** 注文が入ったら1皿分のデミグラスソースと昆布とカツオ節のだしを合わせて温め、水溶き片栗粉でとろみをつける。

**5** [3]の豚タンと豚テールをサラダ油を熱したフライパンで再度炒めてから[4]をからめる。

**6** ジャガイモのピューレに香草パン粉をふって焼き目をつけたガルニと[5]を器に盛り、ボイルした金時人参を添える。

**MEMO**

- 豚タンと豚テールの仕込み量は注文の入り具合などによって調整する。
- 香草パン粉は生パン粉にパセリとニンニクのみじん切りを混ぜ、塩で味を調えたもの。冷凍保存しておく。

# そばの実リゾット

P.46

原 約110円（1皿分） 仕 60分 注 10分

### 材料（4皿分）

そばの実 …… 50g
ベーコン（刻んだもの） …… 30g
オリーブオイル …… 適量
合わせだし
　昆布とカツオ節のだし …… 100mℓ
　酒 …… 10mℓ
　薄口醤油 …… 10mℓ
チーズ（ハードタイプの羊乳チーズ） …… 適量
大葉 …… 4枚
万能ネギ（小口切り） …… 適量

### 作り方

●仕込み

1 そばの実は1時間水に漬け、ザルに上げて水を切っておく。

●提供

2 鍋にオリーブオイルを熱してベーコンを炒め、1のそばの実を加えて炒め合わせる。合わせだしを少しずつ入れて煮る。
3 好みの固さになったら、2にチーズをおろしながら加え、全体に混ぜ合わせる。a
4 器に大葉を敷いて3を盛り、万能ネギを散らす。

**MEMO**

そばの実の仕上がりのかたさは好みにもよるが、芯がやや残る程度のアルデンテがおすすめ。そばの実のプチプチ感が楽しめる。合わせだしの量は目安で、やわらかく仕上げたい場合は、多めに用意するとよい。

# 拝島ネギ天

P.47

原 18% 注 10分

### 材料（1皿分）

拝島ネギ …… 1本
薄力粉 …… 適量
天ぷら衣 …… 適量
揚げ油 …… 適量
焼き塩 …… 適量

### 作り方

1 拝島ネギは掃除してからぶつ切りにする。
2 1に打ち粉をしてから天ぷら衣を通し、160℃くらいの揚げ油に入れ、じっくり揚げて中まで火を通す。
3 油を切って2を器に盛り、焼き塩を添える。

**MEMO**

拝島ネギは加熱することで甘みが出て、中もとろりとしてくる。やや低めの油でじっくり揚げることでおいしさが引き出される。

### 『ふく花』の天ぷら

**【天ぷら衣】**
時間がたっても衣がべたつかず、カラッとした食感の持ちがよくなる重曹を加えている。卵と冷水で卵水を作り、薄力粉と重曹を合わせてふるった粉をさっくり混ぜて衣に。粉も冷やしておく。

**【揚げ油】**
揚げ上がりの軽さを重視し、綿実油とコーン油をブレンド。

**【塩】**
天ぷらには塩味の尖りがなく、まろやかな焼き塩を添える。

# サーモンクリーム天

P.48

原 27% 仕 60分 注 10分

### 材料（1回の仕込み量）

甘塩サケ …… 500～600g
ベシャメルソース（「そばクリームコロッケ」の半量で作る） …… 全量
薄力粉 …… 適量
天ぷら衣 …… 適量
揚げ油 …… 適量
間引き人参、ブロッコリー …… 各適量

### 作り方

●仕込み

1 甘塩サケは焼いて骨と皮を取り除き、身をほぐす。
2 ベシャメルソースに1のサケを加えて混ぜ合わせ、いったん冷蔵庫に入れ、冷やし固める。
3 2が固まったら取り出し、円盤型に形を整える。この状態で冷凍しておく。

●提供

4 注文が入ったら3を取り出し、打ち粉をして天ぷら衣を通し、160℃くらいの揚げ油に入れ、からりと揚げる。
5 間引き人参、ブロッコリーも打ち粉をして天ぷら衣を通し、同様に揚げる。
6 器に4、5を盛る。

**MEMO**

ベシャメルソースはクリーム状のままだと揚げづらいため、冷蔵庫で冷やし固めてから、形を整え、冷凍保存しておく。注文が入ったら凍ったまま揚げる。

## 蜆にんにく醤油漬

P.50

原 20%　仕 2時間～3時間　注 1分

### 材料（1回の仕込み量）

| | |
|---|---|
| シジミ | 500g |
| ニンニク | 2片 |
| 濃口醤油 | 500mℓ |
| 日本酒 | 500mℓ |
| 芽ネギ | 適量 |

### 作り方

●仕込み

1 シジミは2～3時間砂抜きを行なう。
2 ニンニクをスライスし、バーナーで炙る。
3 濃口醤油と同量の日本酒を加えた鍋に[1]と[2]を入れ、10～15分ほど蒸し器にかける。常温に戻してから保存容器に入れ、冷蔵庫で保存しておく。

●提供

4 器に[3]のシジミを1皿分15粒ほど盛り、芽ネギを添える。

**MEMO**

シジミを使用しているが、アサリなどの貝類でも代用可能で応用を効かせやすい。醤油で味が決まるため、その選び方も大切。

## 菊芋いづみ橋味噌漬

P.51

原 30%　仕 1ヵ月　注 1分

### 材料（1回の仕込み量）

| | |
|---|---|
| 菊イモ | 500g |
| 豆味噌 | 700g |

### 作り方

●仕込み

1 菊イモは汚れを落として水気をふき、皮をむかずにそのまま豆味噌に漬ける。保存容器に入れて冷蔵庫で3週間ほど保存する。

●提供

2 [1]を保存容器から取り出し、1皿分1個半ほどをスライスして器に盛る。

**MEMO**

特別に手がかかることもなく、ボリュームのある一品として提供できる。好みの味わいに仕上げるためには味噌選びが重要。

## 凍みこんにゃく旨煮

P.52

原 10%　仕 15分　注 2分

### 材料（1回の仕込み量）

| | |
|---|---|
| 赤コンニャク | 1枚 |
| ゴマ油 | 適量 |
| だし汁 | 200mℓ |
| 味醂 | 25mℓ |
| 濃口醤油 | 17.5mℓ |
| 薄口醤油 | 17.5mℓ |
| 炒りゴマ | 適量 |
| 一味唐辛子 | 適量 |
| 青菜のおひたし＊ | 適量 |

＊青菜のおひたし

材料（1回の仕込み量）

水菜、ホウレン草、春菊、白菜、小松菜、ルッコラ …… 各適量

漬け地

| | |
|---|---|
| だし汁 | 1.8ℓ |
| 味醂 | 少々 |
| 薄口醤油 | 80mℓ |
| 塩 | 少々 |

### 作り方

●仕込み

1 赤コンニャクを三等分に薄くスライスし、冷凍庫に入れて凍らせる。
2 [1]を解凍してから湯をかけて表面のアクを取り、ゴマ油をひいた鍋で中火でさっと炒める。
3 [2]の表面に泡が出たら、だし汁、味醂、濃口醤油、薄口醤油を加えて煮詰める。
4 [3]に炒りゴマと一味唐辛子を加える。常温に冷ましてから保存容器に入れて冷蔵庫で保存しておく。
5 青菜のおひたしを作る。水菜、ホウレン草、春菊、白菜、小松菜、ルッコラを2cm幅にカットし、一度茹でてから冷水に取る。沸騰させて冷ました漬け地に漬け込み、保存容器に入れて冷蔵庫で保存しておく。

●提供

6 器に[5]と[4]を交互に重ねるように盛る。

**MEMO**

青菜のおひたしは仕入れによって変化するので、注文するたびに異なる味わいや食感を提供することができる利点がある。

## 梅山葵クリーミーチーズ

P.53

原 35%　仕 10分　注 3分

### 材料（1回の仕込み量）

クリームチーズ ……………… 200g
マルカルポーネチーズ ……………… 100g
梅肉 ……………… 適量
ワサビ ……………… 適量
ツルムラサキの花 ……………… 適量

### 作り方

●仕込み

1 マスカルポーネチーズ1に対し、クリームチーズ2をハンドミキサーで混ぜた後、保存容器に入れて冷蔵庫で保存する。

●提供

2 [1]をレンゲですくいながら丸めて器にのせる。1皿分は20gほど。
3 梅肉を[1]の横に添える。
4 [3]の上におろしたワサビをのせ、仕上げにツルムラサキの花を添える。

**MEMO**
チーズ類の風味を活かすため、梅肉は酸味が強いものはさける。

## 鯖千鳥酢 卯の花あえ

P.54

原 30%　仕 5時間　注 2分

### 材料（1回の仕込み量）

しめサバ
- サバ ……………… 1尾
- 酢（千鳥酢） ……………… 適量
- 塩 ……………… 適量

卯の花
- おから ……………… 200g
- 味醂 ……………… 適量
- 酢 ……………… 適量
- 梅酒 ……………… 適量
- 柚子の皮（みじん切り） ……………… 適量

大根のつま ……………… 適量
ペリーラ ……………… 適量
穂紫蘇 ……………… 適量
ワサビ ……………… 適量

### 作り方

●仕込み

1 卯の花を作る。おからを乾煎りし、味醂、酢、梅酒を加えて煮詰める。
2 好みの味になったら、[1]をボウルに入れて冷まし、柚子の皮を加える。保存容器に入れて冷蔵庫で保存しておく。
3 しめサバを作る。サバを三枚におろし、表面に塩を塗り込み冷蔵庫で2時間置く。
4 流水で塩を水洗いし、水気を拭く。バットにサバを並べ、キッチンペーパーをかぶせて酢をサバが隠れるくらい注ぎ、15分ほど漬け込む。さらに裏返して15分漬け込む。皮と骨を取り1cm幅でカットし、保存容器に入れて冷蔵庫で保存しておく。

●提供

5 [4]を5mm幅に切り、1皿分10切れをボウルに入れる。
6 [5]に[2]を適量入れて箸で軽く和える。
7 器に大根のつまを盛り、そのうえに[6]をのせる。仕上げにペリーラを細かくちぎりながらあしらい、穂紫蘇とワサビを添える。

**MEMO**
おからをしっかりと乾煎りすることで、サバとの食感のアクセントが生まれる。酸味が強いサバを好む場合は、卯の花の味わいも強める調整を行なう。

## 伊賀有機青菜のじゃこおかか和え

P.55

原 30%　仕 1時間　注 1分

### 材料（1回の仕込み量）

青菜のおひたし（「凍みこんにゃく旨煮」参照） ……………… 適量
おかか和え
- イリコ（だしを取った後のもの） ……………… 1kg
- カツオ節（だしを取った後のもの） ……………… 1kg
- 酒 ……………… 500mℓ
- 味醂 ……………… 500mℓ
- 濃口醤油 ……………… 500mℓ
- 炒りゴマ ……………… 適量
- 一味唐辛子 ……………… 適量

菊花（茹でてから冷水、酢水に漬けたもの） ……………… 適量

### 作り方

●仕込み

1 おかか和えを作る。イリコとカツオ節をフードプロセッサーにかける。粉砕したイリコとカツオ節を鍋に入れてひたひたになるくらいの酒、味醂、濃口醤油を加えて強火で煮詰める。
2 好みの味の濃さになったら、炒りゴマと一味唐辛子を加えて火を止める。常温に戻して保存容器に入れて冷蔵庫で保存しておく。

●提供

3 青菜のおひたしと[2]のおかか和えをボウルに入れ、箸で軽く混ぜ合わせる。
4 器に[3]を盛り、仕上げに菊花を散らす。

**MEMO**
イリコとカツオ節はしっかりとフードプロセッサーにかけ、なめらかな食感にしておく。青菜のおひたしの内容は、この材料以外でもOK。季節のものを取り入れる。

## 北海道　秋刀魚梅煮

P.56

原 40%　仕 2時間　注 2分

### 材料（1回の仕込み量）

| | |
|---|---|
| サンマ | 10尾 |
| 塩水（8％程度） | 適量 |
| 酒 | 400mℓ |
| 味醂 | 50mℓ |
| 薄口醤油 | 50mℓ |
| 酢 | 50mℓ |
| 梅干し（サンマ1尾に対して1個使用） | 10個 |
| 白髪ネギ | 適量 |
| 木の芽 | 適量 |

### 作り方

●仕込み

1 サンマは内臓を取り除いて三等分にし、8％程度の塩水に10～20分漬ける。
2 鍋に①のサンマを並べて酒、味醂、薄口醤油、酢、梅干しを加えて火にかけ、一度沸騰させる。冷ましてから落とし蓋をして、とろ火で2時間ほど煮る。
3 サンマの骨がやわらかくなったら火を止め、常温に戻してから保存容器に入れて冷蔵庫で保存しておく。

●提供

4 器にサンマを1皿分1.5尾と梅干し1個を盛り、その上に白髪ネギを添える。仕上げに手のひらでたたいた木の芽の葉を散らし、煮汁を漉しながら回しかける。

**MEMO**

しっかりと味が染みていることが大切。また、仕上げにかける煮汁はざらりとした食感とならないように必ず漉して用いる。

## 伊勢浅蜊ときのこの酒蒸

P.57

原 30%　仕 2時間30分　注 10分

### 材料（1皿分）

| | |
|---|---|
| キノコ（椎茸、エリンギ、シメジ、カキノキ茸、エノキ茸、ハナビラ茸） | 30g |
| 酒 | 50mℓ |
| 塩 | 適量 |
| アサリ | 60g |
| だし汁 | 60mℓ |
| 酒 | 10mℓ |
| 塩 | 適量 |
| 薄口醤油 | 適量 |
| 三つ葉 | 適量 |
| 柚子の皮 | 適量 |

### 作り方

●仕込み

1 食べやすいサイズにカットしたキノコを、酒と塩を加えたボウルに入れて蒸し器で10分ほど蒸す。常温で冷まして汁ごと冷蔵庫で保存しておく。

●提供

2 だし汁と酒を加えた鍋にアサリと①を入れ、蓋をして強火にかける。
3 アサリの口が開き始めたら、アクを取り、塩と薄口醤油で味を整えながら三つ葉の茎を入れて火を止める。
4 器に③を盛り、三つ葉の葉をのせ、柚子の皮を削りかける。

**MEMO**

食感や見た目をアップするためキノコは多数用いるようにする。日本酒を飲ませるつまみ料理のため、味付けも比較的やさしく仕上げる。

## 白子昆布焼

P.58

原 40%　仕 30分　注 10分

### 材料（1皿分）

| | |
|---|---|
| タラの白子 | 50g |
| 片栗粉 | 適量 |
| だし汁 | 180mℓ |
| 味醂 | 20mℓ |
| 薄口醤油 | 20mℓ |
| 塩 | 適量 |
| 昆布（だしをを取った後のもの） | 1枚 |
| スダチ | 適量 |

### 作り方

●仕込み

1 白子に片栗粉をまぶしてぬめりをとり、さっと湯通しして霜降りにし、冷水に取る。
2 だし汁、味醂、薄口醤油を鍋に入れ、①を加えて75℃程度に温めて5分火にかける。常温に戻した後、保存容器に入れて冷蔵庫に入れて保存しておく。

●提供

3 ②の白子を半分にカットし、昆布の上にのせる。
4 ③を網器の上にのせて塩をふり、中火で蓋をしながら温めるよう焼く。
5 焦げ目がついたら、昆布ごと器に盛る。仕上げにスダチを添える。

**MEMO**

白子に火を入れる仕込み段階でかたくならないように注意する。また、昆布の上にのせて焼く際は、蒸し焼きのイメージで行なう。

## 鯛煎餅

P.59

原 30%　仕 1日　注 5分

**材料**（1皿分）

| | |
|---|---|
| タイ（刺身用） | 2切れ |
| 塩 | 適量 |
| 酢 | 適量 |
| 白板昆布 | 1/2枚 |
| 片栗粉 | 適量 |
| そば粉 | 適量 |
| サラダ油 | 適量 |
| ワサビ | 適量 |

**作り方**

●仕込み

1 タイの切り身に塩を両面にあて、30分ほど寝かす。

2 切り身から出てきた水分を拭き取り、酢で拭いた白板昆布に挟み込んでひと晩置く。

3 ②を麺棒で伸ばし、片栗粉をまぶして保存容器に入れて冷蔵庫で保存しておく。

●提供

4 余分な片栗粉をはたいた③にそば粉を手のひらでたたくようにつけていく。

5 170℃のサラダ油で④を揚げる。

6 器に⑤を盛り、仕上げにワサビを添える。

**MEMO**

刺身用の白身魚を活用してロスを防ぐ。白身魚であればこのレシピにアレンジが可能。できるだけ薄くたたき、パリパリに揚がるようにしておくことがポイント。

## エビ芋の旨煮揚

P.60

原 30%　仕 1時間　注 8分

**材料**（1回の仕込み量）

| | |
|---|---|
| エビイモ | 10個 |
| 水 | 適量 |
| 昆布 | 1枚 |
| 酒 | 適量 |
| 味醂 | 適量 |
| 白醤油 | 適量 |
| そば粉 | 適量 |
| 板そば | 適量 |
| サラダ油 | 適量 |
| ワサビ | 適量 |

**作り方**

●仕込み

1 エビイモは皮をむいて縦半分に切り、米のとぎ汁で串がすっと通る程度に下茹でする。

2 鍋に材料がひたひたになる程度の水と昆布、酒、味醂、白醤油を加え、そこに①を入れて蒸し器で15分蒸す。常温に戻して昆布を取り除き、保存容器に入れて冷蔵庫で保存しておく。

●提供

3 ②のエビイモ2～3個をさらに半分に切り、そば粉を薄くつける。

4 ③を170℃のサラダ油で色づく程度に揚げる。

5 板そばを170℃のサラダ油で揚げる。

6 器に④と⑤を盛り、仕上げにワサビを添える。

**MEMO**

エビイモにしっかりと味を含ませておくことが大事。また、カリッとしながらも、中はホクッとした食感になるよう、仕込み段階でのかたさ調整に注意。そば粉は風味を感じさせるためなので、多くつけ過ぎないように注意する。

## アボカドとキムチ胡麻ラー油和え

P.62

原 20%　仕 30分　注 5分

**材料**（1皿分）

| | |
|---|---|
| アボカド | 2個 |
| キュウリ | 2本 |
| 塩 | 小さじ1/2 |
| 白菜キムチ | 200g |
| 太白ゴマ油 | 適量 |
| ラー油 | 適量 |
| 白炒りゴマ | 適量 |
| タカノツメ | 適量 |

**作り方**

●仕込み

1 キュウリは半割にし、芯をスプーンでくり抜き、乱切りにする。キュウリの重量の1.5%の塩で塩もみし、30分置いて水気を切る。ひと口大に切った白菜キムチと混ぜて保存容器に入れ、冷蔵保存しておく。

●提供

2 アボカドは皮と種を取り除き、ひと口大に切る。

3 ①と②をボウルに入れ、太白ゴマ油、ラー油を加えて和える。

4 器に③を盛り、白炒りゴマ、輪切りにしたタカノツメをのせる。

**MEMO**

キュウリから水が出るのを防ぐため、芯の部分を取り除き、塩もみしてから使用する。キムチは和風のあっさりしたタイプが向く。

## カニ味噌チーズといぶりがっこ

P.63

原 20%　仕 20分　注 5分

**材料**（8皿分）

| | |
|---|---|
| カニ味噌（缶詰め） | 100g |
| クリームチーズ | 200～250g |
| 田舎味噌 | 50g |
| 濃口醤油 | 25mℓ |
| おろしニンニク | 1片分 |
| いぶりがっこ | 適量 |
| クラッカー | 適量 |

**作り方**

●仕込み

1 クリームチーズは混ぜやすいように電子レンジで加熱する。

2 カニ味噌に[1]、田舎味噌、濃口醤油、おろしニンニクを加え、練り合わせる。保存容器に入れて冷蔵保存する。

●提供

3 器に[2]を盛り、薄めにスライスしたいぶりがっこ、クラッカーを添える。

**MEMO**

カニ味噌の種類により味わいが異なるので、味見しながら調味する。

## バジル風味の焼き味噌

P.64

原 10%　仕 30分　注 5分

**材料**（1皿分）

| | |
|---|---|
| バジル味噌＊ | 80g |
| 大根 | 適量 |
| 人参 | 適量 |
| キュウリ | 適量 |

＊バジル味噌

材料（1回の仕込み量）

| | |
|---|---|
| 鶏挽肉 | 200g |
| 酒 | 130mℓ |
| 砂糖 | 100g |
| 信州味噌 | 250g |
| 西京味噌 | 150g |
| 玉ネギ | 100g |
| サラダ油 | 適量 |
| クルミ | 30g |
| バジル | 15～20g |
| 卵黄 | 2個分 |

**作り方**

●仕込み

1 バジル味噌を作る。玉ネギはみじん切りにし、サラダ油で炒めて冷ます。クルミ、バジルはみじん切りにする。

2 [1]以外の材料を鍋に入れ、中火で混ぜながら火を入れていく。かき混ぜた時に鍋底が見えるくらいまでまとまってきたら、火を止め、[1]の材料を加えて混ぜ合わせる。冷ましてから保存容器に入れて冷蔵保存する。

●提供

3 バジル味噌をしゃもじに塗り、電子レンジで軽く温める。ガスバーナーで表面を炙る。

4 大根、人参は皮をむく。キュウリとともに食べやすいスティック状にカットする。

5 器に[3]、[4]を盛り付け、提供する。

**MEMO**

バジル味噌は焼き味噌の他、野菜用のディップソース、田楽などにも活用できる。

## そば屋のグラタン（スープグラタン風）

P.65

原 28%　仕 20分　注 20分

**材料**（1皿分）

| | |
|---|---|
| そばがき | |
| そば粉 | 50g |
| 水 | 150g |
| 鶏モモ肉 | 60g |
| 長ネギ | 1/2本 |
| サラダ油 | 適量 |
| 焼き麸 | 3個 |
| かけ汁 | 200mℓ |
| もり汁 | 50mℓ |
| チーズ（加熱用） | 適量 |
| 刻み青ネギ | 適量 |

**作り方**

●仕込み

1 そばがきを作る。小鍋にそば粉を入れ、水を加えて加熱しながら練り上げる。ひと口大の大きさにスプーンで成形し、保存容器に入れて冷蔵保存しておく。

●提供

2 鶏モモ肉は1cmの角切りにし、長ネギは小口に切る。サラダ油をひいたフライパンで焼き、焼き色を付ける。

3 焼き麸はぬるま湯に10分漬けて戻し、水気を切る。

4 [1]のそばがきを電子レンジで温め、小鍋に入れる。[2]の鶏モモ肉と長ネギ、[3]の焼き麸を入れ、かけ汁ともり汁を張り、加熱して沸かす。

5 [4]をグラタン皿に移し、チーズをのせる。180℃のオーブンで7～8分焼き上げる。刻み青ネギをかける。

**MEMO**

そばがきはそば粉を練り上げて作っておき、冷蔵しておくとよい。

## ふろふき大根の唐揚げ

P.66

原 5%以下　仕 50分　注 10分

### 材料（8皿分）

| | |
|---|---|
| 大根 | 1/2本 |
| カツオだし | 1ℓ |
| 薄口醤油 | 5mℓ |
| 塩 | 5g |
| 味醂 | 30mℓ |
| 片栗粉 | 大さじ7 |
| 上新粉 | 大さじ3 |
| サラダ油 | 適量 |
| シシトウ | 2本 |
| 塩 | 適量 |

### 作り方

●仕込み

1 大根は2.5㎝幅にカットし、皮をむく。米ぬか入りの水で下茹でした後、カツオだしと薄口醤油、塩、味醂を合わせたもので煮てやわらかく仕上げる。冷ましてから保存容器に入れて冷蔵保存する。

●提供

2 [1]の大根の水気を切り、片栗粉と上新粉を合わせたものを表面にまぶす。

3 160～170℃のサラダ油で[2]を揚げる。徐々に油の温度を上げていき、180℃くらいで引き上げる。

4 [3]をひと口大にカットして器に盛り、素揚げしたシシトウを添える。塩少々をふる。

**MEMO**

片栗粉と上新粉を混ぜて打ち粉に使用。水気を吸いにくくカリッとした食感が長く続く。ふろふき大根を天ぷらにしてもおいしい。

## オリーブとバジルのさつまあげ

P.67

原 25%　仕 30分　注 10分

### 材料（1皿分）

| | |
|---|---|
| イカとオリーブのすり身＊ | 4個分 |
| サラダ油 | 適量 |
| バジルの葉 | 1枚 |

＊イカとオリーブのすり身

材料（20個分）

| | |
|---|---|
| 魚のすり身（山イモ、卵白の入った市販のもの） | 400g |
| イカ（ゲソでもよい） | 200g |
| ブラックオリーブ | 25g |
| バジルペースト | 小さじ2 |
| 玉ネギ | 1/2個 |
| 砂糖 | 小さじ1 |
| 塩 | 小さじ1/2 |

### 作り方

●仕込み

1 イカとオリーブのすり身を作る。魚のすり身に、粗めにミキサーにかけたイカのミンチ、ブラックオリーブのみじん切り、バジルペースト、玉ネギのみじん切り、砂糖、塩を加えて混ぜ合わせる。1個分35～40gに丸く成形し、蒸し器で蒸す。冷ましてから保存容器に入れて冷蔵保存する。

●提供

2 [1]を160℃のサラダ油で色付くまで揚げる。徐々に油の温度を上げていき、180℃で引き上げる。

3 器に[2]を盛り、バジルの葉を飾る。

## 白菜つみれとせりの小鍋

P.68

原 20%以下　仕 40分　注 10分

### 材料（1皿分）

| | |
|---|---|
| 白菜つみれ＊ | 4個 |
| セリ | 適量 |
| 栃尾の油揚げ | 1/4枚 |
| キノコ類（ヒラタケ、舞茸、椎茸） | 適量 |
| 大根おろし | 適量 |
| 七味唐辛子 | 適量 |
| 鍋だし＊ | 200mℓ |

＊白菜つみれ

材料（20個分）

| | |
|---|---|
| 白菜 | 600g |
| 塩 | 小さじ2 |
| 鶏モモ肉挽き肉 | 250g |
| 生姜 | 15g |
| 卵 | 1個 |
| 酒 | 10mℓ |
| 濃口醤油 | 10mℓ |
| 塩 | 小さじ1 |
| 片栗粉 | 10g |

＊鍋だし

材料（10皿分）

| | |
|---|---|
| 昆布とカツオ節のだし | 2ℓ |
| 酒 | 100mℓ |
| 薄口醤油 | 100mℓ |
| 味醂 | 60mℓ |
| 塩 | 小さじ1/2 |

### 作り方

●仕込み

1 白菜つみれを作る。白菜をみじん切りにし、塩もみして30分置き、しぼって余分な水分を抜く。

2 鍋だしを作る。材料すべてを混ぜ合わせて火にかける。

3 [1]に残りの白菜つみれの材料を加えて練り、丸く成形する。

4 [2]に[3]を入れて20分火を通す。白菜つみれを引き上げ、冷ましてから保存容器に入れて冷蔵保存する。鍋だしは漉して冷ます。保存容器に入れて冷蔵保存する。

●提供

5 土鍋に[4]の鍋だしを張り、沸かす。[4]の白菜つみれ、ひと口大にカットした栃尾の油揚げ、キノコ類を入れて煮込む。

6 具材に火が通ったら味を調え、セリ、大根おろしをのせ、七味唐辛子をかけて提供。

## 柚子香るカニ柚豆富

P.70

原 30%　仕 30分　注 10分

### 材料（4皿分）

カニ（缶詰）……120g
絹ごし豆腐……3～4丁
漬け地
- だし……1ℓ
- 塩……10g
- 薄口醤油……2.5mℓ
- 酒……5mℓ

あんの地
- だし……1.2ℓ
- 塩……5g
- 酒……60mℓ
- 薄口醤油……50mℓ

水溶き片栗粉……適量
カニカマ……8本
三つ葉……適量
柚子の皮……適量

### 作り方

●仕込み

1 豆腐を漬け地で煮含めて下味をつける。冷ましてから保存容器に入れて冷蔵保存する。

2 あんの地を作る。だし、塩、酒、薄口醤油を合わせて沸かし、冷ましてから保存容器に入れて冷蔵保存する。

●提供

3 1を漬け地ごと電子レンジで温める。1皿分の豆腐の量は2/3丁ほど。

4 小鍋に2とカニを汁ごと加えて温め、水溶き片栗粉でとろみをつける。

5 器に3入れ、4のあんをかける。カニカマ、三つ葉をのせ、柚子の皮をふる。

## 自家製ベーコンと野菜のせいろ蒸し

P.71

原 20%～25%　仕 1週間　注 15分

### 材料（1皿分）

自家製ベーコン＊……100g
カボチャ……適量
人参……適量
ブロッコリー……適量
カリフラワー……適量
キャベツ……適量
キノコ……適量
バジル味噌（「バジル風味の焼き味噌」参照）……適量
塩……適量

＊自家製ベーコン
材料（10皿分）
- 豚バラ肉……1kg
- 玉ネギ……1/2個
- 人参……1/2本
- セロリ……1/2本
- ニンニク……1片
- タカノツメ……1本
- 水……1ℓ
- 塩……60g
- 砂糖……10g
- ブラックペッパー（ホール）……5粒
- スモークチップ……大さじ2

### 作り方

●仕込み

1 自家製ベーコンを作る。玉ネギ、人参、セロリはスライスする。ニンニクはつぶす。タカノツメは種を取り除く。

2 1と水、塩、砂糖、ブラックペッパーを鍋に入れ、火にかける。沸いたら弱火にし、5分加熱する。火を止めて冷まし、豚バラ肉を加えて1週間冷蔵庫で保存する。

3 2から豚バラ肉を取り出し、水気を拭き取る。冷蔵庫に入れ、冷気で表面を乾かす。

4 フライパンにアルミホイルを敷き、スモークチップをのせて中火にかける。煙が出てきたら、網をのせ3の豚バラ肉を置く。ボウルで蓋をして4分スモークする。4分経ったらスモークチップを取り換え、豚バラ肉を裏返し、4分スモークする。冷ましてから小分けして保存容器に入れて冷蔵保存する。

●提供

5 野菜類はそれぞれ下処理し、ひと口大にカットする。4のベーコンは電子レンジで温めて解凍し、ひと口大にカットする。

6 火の入りにくい食材から蒸し器に入れ、蒸す。

7 見た目よくせいろに盛り直し、バジル味噌、塩を添えて提供。

**MEMO**

自家製ベーコンは炙ってつまみとして提供できる他、鴨せいろのようにつけそばの汁の具材に活用できる。

## 鶏とアボカドの天ぷら納豆ポン酢掛け

P.72

原 25%　仕 半日　注 10分

### 材料（1皿分）

鶏胸肉……120g
酒……10mℓ
薄口醤油……10mℓ
味醂……10mℓ
アボカド……1/2個
強力粉……適量
天ぷら衣……適量
揚げ油……適量
納豆ポン酢＊……45g
大根おろし……適量
刻みネギ……適量

＊納豆ポン酢
材料（5皿分）
- ひきわり納豆……120g
- 濃口醤油……40mℓ
- リンゴ酢……40mℓ
- 味醂……15mℓ
- レモン汁……5mℓ
- 砂糖……5g

### 作り方

●仕込み

1 納豆ポン酢を作る。材料すべてを混ぜ合わせる。保存容器に入れて冷蔵保存する。

2 鶏胸肉はひと口大にカットし、酒、薄口醤油、味醂に半日漬け込む。

●提供

3 アボカドはひと口大に切り、強力粉をハケでまんべんなくまぶす。

4 2の鶏胸肉と3のアボカドに天ぷら衣をつけ、鶏胸肉から先に170℃の油でじっくりと揚げる。

5 器に4を盛り、アボカドの天ぷらに大根おろしをのせる。大根おろしの上に納豆ポン酢と刻みネギをかける。

## 納豆稲荷揚げ

P.73

原 10%　仕 30分　注 5分

### 材料（16皿分）

油揚げ………8枚
ひきわり納豆………150g
長イモ………150g
生姜………40g
万能ネギ………30g
イワシの蒲焼（市販品。にしんそばのニシン煮や穴子の蒲焼でもよい。）…1枚分
もり汁………10mℓ
天ぷら衣………適量
揚げ油………適量
青海苔………適量
天つゆ………適量
山椒塩（粉山椒1に対し、塩2を合わせたもの）………適量

### 作り方

●仕込み

**1** 油揚げは半分にカットする。
**2** 長イモは5mm角に切る。生姜はみじん切りにする。万能ネギは小口切りにする。イワシの蒲焼は1cm角に切る。
**3** ひきわり納豆と[2]、もり汁を混ぜ、[1]の油揚げの中に詰める。端を楊枝で留めておく。冷凍保存する。

●提供

**4** [3]に天ぷら衣をつけ、170℃の油で揚げる。
**5** [4]を半分にカットし、器に盛る。青海苔をかけ、天つゆ、山椒塩を添える。

### 『あかつき』の天ぷら

**【天ぷら衣】**
薄力粉をベースに片栗粉を少々加え、水で溶いたものを使用。かき揚げ用のみに卵を加えている。卵を加えると火の通りが早くなり、色付きもよくなるという。

**【揚げ油】**
綿実油を使用。野菜系の天ぷらが中心であることを考慮し、旨みがある綿実油を選んだ。サクッと揚がりやすく、香りも控えめで素材の味を活かしやすい。また、野菜用と魚用で鍋を別に用意し、におい移りを防ぐ。

**【天つゆ】**
天つゆはもり汁3に対し、かけ汁1の割合で合わせたものを使用。塩は旨みのある魚貝の天ぷらには旨みのない海塩を、香りのある野菜には丸みのある海塩を使用。

## カモネギ蕎麦チヂミ

P.75

原 30%　仕 20分　注 5分

### 材料（2皿分）

鴨肉………10g
白ネギ（5cm幅）………1本
そば粉（細挽き粉）………60g
水………150mℓ
かえし………適量
サラダ油………適量
糸唐辛子………適量
つけダレ
　もり汁………適量
　酢………適量

### 作り方

●仕込み

**1** 鴨肉と白ネギを同じ大きさに細かく刻む。
**2** 水でそば粉を溶き、[1]とかえしを加える。
**3** 角型のフライパンに[2]を入れ、弱火でじっくり両面を焼く。
**4** 焼き上がったチヂミは冷ましてからラップでくるみ冷凍庫で保存する。

●提供

**5** 冷凍保存しておいた[4]を電子レンジで解凍し、サラダ油をたっぷりと入れた鉄鍋で揚げ焼きにする。
**6** 表面がカリッとする程度に両面を焼き上げてから皿に上げ、キッチンペーパーで表面の油を拭き取る。
**7** [6]を6等分にカットして器に盛り、仕上げに糸唐辛子をのせる。
**8** もり汁に酢を少量加えてつけダレを作り、[7]に添える。

**MEMO**
揚げ焼きにするが、油っぽくならないようにしっかりとキッチンペーパーで油を拭き取る。また、さっぱり感を加えるためにタレには酢を加えることもポイント。

## そばがきの蒲焼き

P.76

原 30%　仕 10分　注 5分

### 材料（2皿分）

そば粉（細挽き粉）………60g
水………150mℓ
焼き海苔………大判1枚
サラダ油………適量
自家製蒲焼きタレ（濃口醤油5に対し、砂糖、酒、味醂を合わせたもの5の割合で作る）………大さじ1
カイワレ菜………適量

### 作り方

●仕込み

**1** 水で溶いたそば粉をフライパンに流し、そばがきを作る。
**2** 半分に切った焼き海苔に、半量の[1]をのせて伸ばす。
**3** [2]を冷ましてからラップでくるみ冷凍保存する。

●提供

**4** 冷凍保存しておいた[1]を電子レンジで解凍する。
**5** 多めのサラダ油をひいた鉄鍋を強火にかけ、海苔を下にして[4]を焼く。
**6** 焦げないように鍋を揺すりながら1分ほど焼き、さらに裏側も同様に焼く。
**7** 両面が焼き上がったら、一度鉄鍋の油を捨てる。そばがきは海苔の部分を下にしてから自家製蒲焼きタレを加え、からめるように強火でさっと焼く。
**8** 焼き上げた[7]を6等分にカットする。器に鉄鍋のタレを少量ひき、その上にそばがきを並べる。
**9** 自家製蒲焼きタレ（分量外）を[8]の上から回しかけ、カイワレ菜を添える。

**MEMO**
蒲焼き風に仕上げるため、自家製のタレは少し焦げつくような感覚でからめるようにする。また、海苔部分を焼く際は少し揚げるようにすることで、蒲焼きのウナギの皮のような食感に近づける。

## そばがき（粗挽き粒）

P.77

原 30%　注 5分

### 材料（1皿分）

| | |
|---|---|
| そば粉（粗挽き粉） | 60g |
| 水 | 150mℓ |
| そば湯 | 適量 |
| 柚子の皮 | 適量 |
| ワサビ | 適量 |
| 濃口醤油 | 適量 |

### 作り方

1. 水で溶いたそば粉を鍋に入れ、木ベラで混ぜながら弱火にかける。
2. ほどよい弾力になったら、レードルに取り成型し、器に盛り、柚子の皮をあしらう。
3. [2]がつかる程度にそば湯を加え、ワサビと濃口醤油を添えて提供する。

**MEMO**

粗挽きの食感を楽しめるように、そばがきはかたくなり過ぎないように注意する。

## 蕎麦サラダ（田舎・粗挽きの板蕎麦入り）

P.78

原 30%　注 8分

### 材料（1皿分）

| | |
|---|---|
| 板そば | 田舎そば6枚、粗挽きそば6枚 |
| ミニトマト | 3個 |
| レタス | 適量 |
| 水菜 | 適量 |
| カイワレ菜 | 適量 |
| 辛味大根（輪切り） | 2㎝ |
| ドレッシング | |
| もり汁 | 30mℓ |
| オリーブオイル | 少量 |
| 柚子胡椒 | 1g |

### 作り方

1. ミニトマトは縦に半分に、レタスと水菜、カイワレ菜は食べやすいサイズにカットしておく。
2. そばを切る際に端部分を残し、板そばを用意しておく。
3. 器に[1]のレタスと水菜を盛る。
4. [2]を湯がき、冷水でしめてから[3]に盛る。
5. [4]の上で辛味大根をすりおろし、その上に[1]のミニトマトとカイワレ菜をのせる。
6. ドレッシングを作る。もり汁に柚子胡椒を溶き、オリーブオイルを加えてしっかりと混ぜ合わせる。器に注いで[5]に添える。

**MEMO**

そばの食感がアクセントになるため、板そばは大きめに作っておく。柚子胡椒をドレッシングに加えて、クセになる味わいに仕上げる。

## 田舎あげ焼き

P.79

原 30%　仕 3分　注 12分

### 材料（1皿分）

| | |
|---|---|
| 田舎揚げ | 1枚 |
| 白ネギ | 適量 |
| 生姜 | 適量 |
| かえし | 適量 |

### 作り方

●仕込み

1. 田舎揚げを6等分にカットし、ラップでくるみ冷凍保存しておく。
2. 白ネギは細かい輪切りにし、生姜はすりおろしておく。

●提供

3. 冷凍保存しておいた[1]を蓋をしたフライヤーの上にのせ、5分ほど自然解凍する。
4. 鉄鍋に[3]をのせ、アルミホイルで蓋をしてから弱火で3分ほど蒸し焼きにする。
5. 色がつく程度に焼いたら裏返し、アルミホイルの蓋を外して中火で2分ほど焼く。
6. 両面に焼き色がついたら器に盛り、その上に白ネギ、おろし生姜の順にのせる。仕上げにかえしを少し多めにかける。

**MEMO**

ふっくらとした食感が重要なため、フライヤーの上でできるだけ自然解凍に近い状態で解凍する。また、蒸し焼きにして水分を逃さないようにする。

## みょうが炙り焼き

P.80

原 30%　仕 1分　注 5分

### 材料（1皿分）

ミョウガ …… 2本
かえし …… 適量

### 作り方

**●仕込み**

1 ミョウガを縦に4等分にカットする

**●提供**

2 鉄鍋にミョウガを並べ、少し焦げ目がつくようにゆすりながら強火で焼く。
3 [2]にかえしを加え、和えるように箸でミョウガを混ぜ、器に盛る。

**MEMO**

風味を高めるために少し焦げ目をつける。かえしは少し多めにかけてもおいしく仕上がる。

## ピーマンのおかか和え

P.81

原 30%　仕 5分　注 3分

### 材料（1皿分）

ピーマン …… 60g
ゴマ油 …… 適量
かえし …… 適量
カツオ節 …… 適量

### 作り方

**●仕込み**

1 ピーマンは種を取り除いて幅３㎝程度に縦にカットしておく。

**●提供**

2 鉄鍋に多めのゴマ油をひき、中火で温めてから[1]を加えて焼く。
3 [2]に少し焦げ目がついたら火を止め、かえしを加える。
4 [3]を強火にかけ、かえしを焼き焦がすようにしながらピーマンとからめる。
5 器に[4]を盛り、カツオ節をのせて仕上げる。

**MEMO**

ゴマ油の風味を引き立てるようにするのがポイント。

## 鴨はつ焼き

P.82

原 30%　仕 5分　注 10分

### 材料（1皿分）

鴨ハツ …… ３個
白ネギ（５㎝幅） …… ２本
サラダ油 …… 適量
塩 …… 適量
胡椒 …… 適量
大葉 …… １枚
柚子胡椒 …… 適量

### 作り方

**●仕込み**

1 鴨のハツは縦に半分にカットし、１皿分の分量に分けてラップでくるみ冷凍保存する。
2 白ネギは5㎝幅にカットしておく。

**●提供**

3 冷凍保存した鴨のハツを電子レンジで解凍し、両面に塩・胡椒をふる。
4 サラダ油をひいて中火で温めた鉄鍋に、白ネギを並べ、アルミホイルで蓋をしてから弱火で３分ほど両面が焦げるまで蒸し焼きにする。焦げ目がついたら皿に上げる。
5 鉄鍋にハツを並べて中火で焼く。途中、フライ返しで押さえつけるようにする。
6 器に大葉を敷き、薄皮を１枚取った[4]と[5]を盛り、柚子胡椒を添える。

**MEMO**

ハツの食感を活かすためスライスして用いる。また、旨みを逃さぬように鉄板焼きの要領でフライ返しで押さえつけるのもポイント。

## カマンベールの天ぷら

P.83

原 30%　仕 3分　注 5分

**材料**（1皿分）

カマンベールチーズ……1/2個
薄力粉……適量
天ぷら衣……適量
サラダ油……適量
天つゆ……適量
黒胡椒……適量

**作り方**

● 仕込み

1 カマンベールチーズを7等分にカットしておく。

● 提供

2 1に薄力粉をつけ、ザルに移して余分な粉をはたく。a

3 天ぷら衣に2をくぐらせ、180℃のサラダ油で3分ほど揚げる。b c

4 天つゆを少量入れた器に3を盛り、黒胡椒をかける。

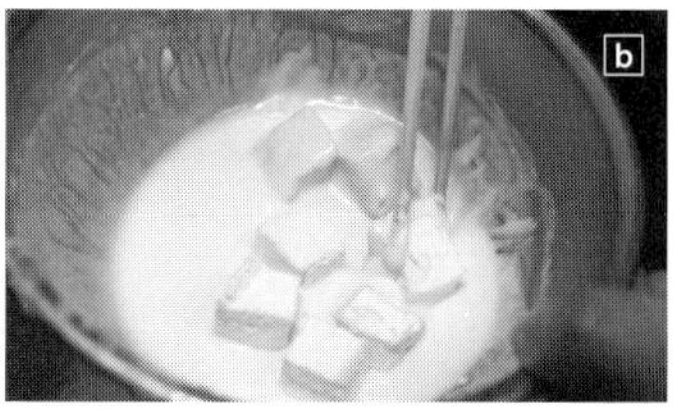

**MEMO**

チーズが溶け出さないように注意するが、衣が厚すぎるともっさりとした食感になるため注意する。

## 天ぷら盛り合わせ

P.84

原 30%　仕 30分　注 8分

**材料**（1皿分）

エビ……2尾
キス……1尾
カボチャ……1切れ
オクラ……1本
ナス……1/4個
パプリカ……1/8個
薄力粉……適量
天ぷら衣……適量
サラダ油……適量
天つゆ……適量

**作り方**

● 仕込み

1 エビは殻と背ワタを外しておく。野菜類は適度な大きさにカットする。ナスのみ飾り切りを行なっておく。

● 提供

2 それぞれの材料に薄力粉をはたき、天ぷら衣にくぐらせ、180℃のサラダ油で揚げる。

3 器に2を盛り、天つゆを添える。

**▶『笑日志』の天ぷら**

**【天ぷら衣】**
注文ごとに天ぷら粉70gに対し、冷水100㎖を合わせて作る。かたさはやわらかめにしておき、薄衣で揚げて彩りよくさっくりとした食感に仕上げる。

**【揚げ油】**
サラダ油を使用。毎日交換する。

**【天つゆ】**
カツオの一番だし1ℓにかえし100㎖を合わせて作る。

## 明太子と青ジソの生湯葉巻き

P.86

原 30%　注 5分

**材料**（1皿分）

生湯葉……1枚
明太子……1.5個
大葉……1.5枚

**作り方**

1 生湯葉を伸ばし、手前側に大葉を並べる。

2 1の大葉の上に明太子をのせ、手前側から奥に向けて巻いていく。

3 2を6等分にカットし、切り目が見えるように器に盛る。

**MEMO**

明太子を大葉の上にのせる際、ボリュームが変わらないように細い部分にはカットした端部分などを加えるようにする。大葉も同様に行なう。

## ゆば豆腐

P.87

原30%　仕1分　注3分

### 材料（1皿分）

| | |
|---|---|
| 汲み上げ湯葉 | 1/2枚 |
| 豆乳 | 適量 |
| 寄せ豆腐 | 1/2丁 |
| ワサビ | 適量 |
| 濃口醤油 | 適量 |

### 作り方

●仕込み

**1** 汲み上げ湯葉を食べやすい大きさに切り、豆乳に漬け込んでおく。

●提供

**2** 器に寄せ豆腐を盛り、[1]をのせ、豆乳を回しかける。仕上げにワサビをのせ、濃口醤油を添える。

**MEMO**

寄せ豆腐の上に湯葉をのせるときは豆腐が隠れるように盛り付ける。豆乳は少し多めにかけることで、よりなめらかな舌触りになる。

## 自家製きゅうりのカリカリ漬け

P.88

原20%　仕30分〜1時間　注1分

### 材料（1回の仕込み量）

| | |
|---|---|
| キュウリ | 10〜15本 |
| 濃口醤油 | 200mℓ |
| 酢 | 200mℓ |
| 味醂 | 200mℓ |
| 生姜 | 適量 |
| 炒りゴマ | 適量 |

### 作り方

●仕込み

**1** キュウリは1cm幅の輪切りにする。沸騰した湯に入れて表面がやわらかくなるまで煮る。

**2** 濃口醤油と酢、味醂を鍋に入れて火にかけて沸騰させてから火を止める。

**3** [2]に刻んだ生姜と[1]を入れ、再度火にかけてグラグラする程度に沸かして火を止める。常温に戻してから保存容器に入れ、炒りゴマをふって冷蔵庫で保存しておく。

●提供

**4** 器に[3]を10個ほど盛る。

**MEMO**

キュウリの食感がポイントになるため、厚みと漬け込む時間のバランスに注意を。また、味わいも漬け込み時間で変わるので、好みの時間調整を。

## 自家製かもみそのあぶり

P.89

原30%　仕30分　注3分

### 材料（1回の仕込み量）

| | |
|---|---|
| 鴨ミンチ肉（手羽元） | 500g |
| 糀味噌 | 1kg |
| 砂糖 | 100g |
| 味醂 | 100mℓ |
| 酒 | 100mℓ |

### 作り方

●仕込み

**1** 鴨のミンチ肉は油をひかずに鉄鍋で炒める。

**2** [1]と糀味噌、砂糖、味醂、酒を鍋に入れて弱火にかける。アルコールを飛ばし、好みの粘度になるまで木ベラでかき混ぜる。

**3** 好みの粘度になったら火を止め、常温に戻してから保存容器入れて冷蔵庫で保存しておく。

●提供

**4** 器に[3]を大スプーン1杯ほど平たく盛り、ガスバーナで炙る。

**MEMO**

脂っぽさが気になる場合は、鴨ミンチを炒めた後に油を捨てるようにしても良い。鴨肉が味を決めるため、量を減らさないように。

## 鴨肉のステーキ

P.90

原 30%　注 5分

### 材料（1皿分）

- 鴨ロース肉 …… 100ｇ
- サラダ油 …… 適量
- 塩 …… 適量
- 胡椒（粗挽き） …… 適量
- ブランデー …… 適量
- 白ネギ（輪切り） …… 適量
- セルフィーユ …… 適量

### 作り方

1 鴨ロース肉を1.5㎝角に切り分ける。
2 サラダ油をひいて温めた鉄鍋に①を入れ、中火でさっと炒める。
3 全体に焼き色がついたら塩と胡椒で味を調え、強火にしてブランデーを加え、アルコールを飛ばして火を止める。
4 器に③を盛り、仕上げに白ネギとセルフィーユをのせる。

**MEMO**

肉の旨みを閉じ込めるように、断面はすべてしっかりと焼いておく。味付けは塩・胡椒のみなので、ブランデーは好みで多く入れても良い。

## かもの生ハム

P.91

原 30%　仕 5日　注 3分

### 材料（1回の仕込み量）

- 鴨ロース（１枚肉） …… 400ｇ
- 塩 …… 適量
- ニンニク …… 適量
- 黒胡椒 …… 適量
- マスタード …… 適量

### 作り方

**●仕込み**

1 鴨ロースの両面に多めの塩をまんべんなくすり込み、その上に刻んだニンニクもすり込んで保存容器に入れて冷蔵庫で１日置く。
2 翌日、流水で①の塩とニンニクを洗い流す。水気をよく拭き取ってから脱水シートでしっかりと包み冷蔵庫で寝かす。脱水シートは１日ごとに取り替え、５日後に完成する。

**●提供**

3 ②を３㎜ほどの厚さに６枚切る。器に盛り、黒胡椒をかけ、マスタードを添える。

## そばがき

P.92

原 30%　注 5分

### 材料（1皿分）

- そば粉（粗挽き粉） …… 20g
- 水 …… 60㎖
- かけ汁 …… 100㎖
- ギンナン …… ４個
- カニの身 …… 20g
- 三つ葉 …… 適量
- 柚子の皮 …… 適量
- 水溶き片栗粉 …… 適量

### 作り方

1 鍋にそば粉と水を加え、中火でそばがきを作る。
2 別の鍋にかけ汁とギンナン、カニの身、三つ葉の茎を入れて強火にかける。沸いたら弱火にして水溶き片栗粉を加えてとろみをつける。
3 器に①を盛り、その上に②をスプーンでかける。仕上げに三つ葉の葉と刻んだ柚子の皮を添える。

## 海老芋の唐揚げ

P.93

原 30%　注 7分

### 材料（1皿分）

エビイモ……2個
かけ汁……適量
片栗粉……適量
綿実油……適量
柚子の皮……適量

### 作り方

●仕込み

**1** 皮をむいたエビイモをひと口大にカットし、下茹でする。串が通るくらいになったらザルに上げ、かけ汁で20分ほど弱火で炊く。
**2** [1]を常温に冷ましてから保存容器に入れて冷蔵庫で保存しておく。

●提供

**3** [2]に片栗粉をまぶし、180℃の綿実油で揚げる。
**4** 器に[3]を盛り、仕上げに柚子の皮を散らす。

**MEMO**

味が染み込むように下準備は丁寧に行なう。また、片栗粉は薄くつけ、さっくりとした食感となるように配慮する。

## 蕎麦屋のとり天

P.94

原 30%　仕 1時間　注 7分

### 材料（5皿分）

鶏ササミ……300g
もり汁……適量
薄力粉……適量
卵水……適量
綿実油……適量
抹茶塩……適量

### 作り方

●仕込み

**1** ひと口大に切った鶏のササミをもり汁に1時間ほど漬け込んでおく。

●提供

**2** 卵水1に対して0.8程度の薄力粉を溶く。
**3** [1]を[2]につけて170℃の綿実油で揚げる。
**4** 器に[3]を1皿分5～6個盛り、仕上げに抹茶塩を添える。

### 『ろうじな』の天ぷら

【天ぷら衣】
注文ごとに冷蔵庫で冷やしておいた卵水で薄力粉を溶く。かたさはゆるめで、薄くつける。衣をつける際と油に入れる際に軽くふることで衣を均一に薄くする。

【揚げ油】
他の油に比べてコクと味に深みが出る綿実油を使用。毎日交換する。

【塩】
天ぷらには塩を添えるスタイル。できるだけ口どけがよくなるように細かい塩を用いるが、塩だけだと辛味が強すぎるので中和させるために抹茶や柚子の粉末を加える。

## そば屋の牛すじ煮 enami

P.96

原 31%　仕 2時間30分　注 3分

### 材料（1皿分）

板そば……15g
牛すじ煮（冷凍）＊……110g
かけ汁……40mℓ
そば米……適量
そばの芽……適量
白髪ネギ……適量

＊牛すじ煮
材料（21～22皿分）
牛スジ肉……2kg
鶏皮……10枚分
すき焼き用のタレ（市販）……600g
赤味噌……60g
ニンニク……20g
生姜……20g
だし（サバ節50gとサバとソウダガツオの混合節100gを煮出してとったもの）……800mℓ

### 作り方

●仕込み

**1** 牛すじ煮を作る。すべての材料を合わせて圧力鍋に入れて加熱する。圧力をかけて1時間45分弱火で煮込み、火を止めてから圧力をかけたまま15分置いておく。
**2** [1]の圧力鍋の蓋を開け、鶏皮と上に上がってきた余分な脂を取り除く。
**3** 1皿分110g（具材85g、液体分25g）で小分け容器に分け、密封して冷凍しておく。

●提供

**4** 板そばを1×2㎝幅でカットする。そばより長めに茹で、洗う。
**5** [3]の牛すじ煮は電子レンジで温めておく。
**6** [4]、[5]、かけ汁を小鍋に入れ、温める。
**7** 器に[6]を移し、揚げたそば米を散らす。そばの芽、白髪ネギを飾る。

**MEMO**

牛すじ煮を大量に作り、冷凍保存することで効率よく商品化。保存時に固まりやすくなるようにと、コラーゲン質の豊富な鶏皮を加えている。だが鶏皮自体の味わいはよくないので、煮込んだ後に取り除いておく。

## そば屋の牡蠣フライ

P.97

原 28%　注 3分

### 材料（1皿分）

牡蠣（衣付きの業務用）…… 3個
綿実油 …… 適量
そば（生）…… 15g
もり汁 …… 適量
水溶き片栗粉 …… 適量
水菜 …… 適量
塩 …… 適量
スダチ …… 1/2個

### 作り方

1. 衣付きの牡蠣を140～150℃の綿実油で3～4分揚げる。徐々に油の温度を上げていき、最後は170℃くらいで引き上げる。
2. 生そばを揚げる。160～170℃の綿実油で素揚げする。
3. もり汁を温め、水溶き片栗粉を加えてとろみをつける。
4. [2]の揚げそば、水菜を器に盛って土台にし、[1]の牡蠣を盛り付ける。牡蠣の上に[3]をかけ、揚げそばに塩をふる。スダチを添える。

**MEMO**

そば店らしく、そばともり汁を活用。揚げそばには塩をふり、おいしく食べられるように仕上げる。

## そばがきの鴨煮汁

P.98

原 32%　注 5分

### 材料（1皿分）

鴨胸肉 …… 90～100g
もり汁 …… 40mℓ
かけ汁 …… 20mℓ
そばがき
　そば粉（せいろ用のものと、粗めに挽いたものを同割りに）…… 65g
　二番だし …… 65g
青ネギ …… 適量

### 作り方

1. 鴨肉はやや厚めにスライスする。脂身部分をしっかりと焼き、反対面は焼き色を付ける程度にさっと焼く。
2. 小鍋にもり汁とかけ汁を張り、温める。[1]を加えて軽く煮込み、レア程度で火を止める。
3. そばがきを作る。そば粉と同量の二番だしを小鍋に入れ、冷たい状態のまま泡立て器で混ぜる。しっかり混ざったら、弱火から中火で加熱しながら練り上げる。スプーンでひと口大に取り、茹でる。火が通って浮いてきたらすくって器に入れる。
4. [3]に[2]をかける。刻み青ネギを散らす。

**MEMO**

鴨肉の強い味わいに負けないように、そばがきには粗挽きのそば粉を使い、二番だしで練る。

## そばがきの磯部揚げ

P.99

原 24%　注 5分

### 材料（1皿分）

そばがき
　そば粉 …… 65g
　二番だし …… 65g
海苔 …… 適量
綿実油 …… 適量
ワサビ …… 適量
かえし …… 適量
もり汁 …… 適量

### 作り方

1. そばがきを作る。そば粉と同量の二番だしを小鍋に入れ、冷たい状態のまま泡立て器で混ぜる。しっかり混ざったら、弱火から中火で加熱しながら練り上げる。通常のそばがきよりやわらかめに、耳たぶくらいのかたさを目安に仕上げる。
2. [1]の生地を3つに分け、海苔で巻く。
3. [2]を160℃の綿実油で1～2分ほど揚げる。
4. [3]の海苔の部分の油を拭き取り、器に盛る。ワサビ、そば用のかえし、もり汁を添える。

**MEMO**

そばがきは油を吸いやすいので、じっくり揚げると油っぽくなる。そばがき自体に火は通っているので、キツネ色になる程度ですぐ引き上げる。海苔の部分の余分な油も拭き取り、ヘルシーなイメージに。

## そばの薩摩揚げ

P.100

原 24%　仕 40分　注 3分

**材料**（1皿分）

そばの薩摩揚げ＊ …… 2個
綿実油 …… 適量
かけ汁 …… 適量
青ネギ …… 適量
おろし生姜 …… 適量

＊そばの薩摩揚げ
材料（15個分）
トビウオのすり身 …… 350ｇ
卵白 …… 3個分
水 …… 160mℓ
そば米 …… 40ｇ
そば（生） …… 230ｇ
玉ネギ …… 1個

**作り方**

●仕込み

1 卵白を泡立てて、メレンゲを作る。トビウオのすり身、水を加えてフードプロセッサーにかける。
2 生そばは10㎝ほどにカットし、茹でる。そば米、みじん切りの玉ネギとともに、1の生地に加えて混ぜる。
3 2の生地を1個40ｇに小分けして成形し、冷凍しておく。

●提供

4 140℃の綿実油で3を3分弱揚げる。徐々に温度を上げていき、170℃程度で引き上げる。
5 器に4を盛り、温めたかけ汁をかける。刻み青ネギを飾り、おろし生姜を別添えにする。

**MEMO**
生地にメレンゲを加えてふわっとした食感に仕上げる。

## そば屋のお新香

P.101

原 21%　仕 2日　注 30秒

**材料**（5皿分）

大根 …… 2/3本
人参（中サイズ） …… 1本
キュウリ …… 3本
塩 …… 適量
もり汁 …… 適量
カツオ節 …… 適量
柚子の皮 …… 適量
唐辛子 …… 3本
羅臼昆布 …… 適量

**作り方**

●仕込み

1 大根は上の方の太い部分を使用。皮をむき、適度に成形する。塩もみして水を出す。人参は太い部分を使用。皮をむき、適度に成形する。キュウリは塩もみして水を出す。
2 1の野菜類を水切りし、容器に入れる。ひたひたにもり汁をかけ、表面全体を覆うようにカツオ節をのせる。柚子の皮、種を取り除いた唐辛子を散らし、羅臼昆布で一面を覆う。ラップで密封し、冷蔵庫で2日ほど漬け込む。

●提供

3 注文ごとに漬け汁から野菜類を引き出し、それぞれカットする。器に盛り付ける。

**MEMO**
2日目以降ももり汁に漬けたまま保存することで、香りや味が保たれる。1週間くらいまで保存可能。

## 和風ピクルス

P.102

原 27%　仕 3日　注 1分

**材料**（6皿分）

レンコン …… 適量
カリフラワー …… 適量
人参 …… 適量
大根 …… 適量
赤カブ …… 適量
ウズラの卵 …… 6個
ミョウガ …… 6個
キュウリ …… 適量
パプリカ …… 適量
プチトマト …… 6個
二番だし …… 適量
ピクルス液
　二番だし …… 500mℓ
　酢 …… 100mℓ
　塩 …… 大さじ1強
　砂糖 …… 大さじ4
　酢 …… 50mℓ
　もり汁 …… 50mℓ
　味醂 …… 50mℓ
　赤唐辛子 …… 1本
　生姜（スライス） …… 3枚
　日高昆布 …… 適量

**作り方**

●仕込み

1 レンコンは皮をむいてスライスし、二番だしでしっかりと煮る。カリフラワー、人参、大根、赤カブはそれぞれ適度な大きさに切り、1分ほどさっと二番だしで煮る。
2 小鍋にウズラの卵と大さじ1杯分（分量外）の湯を入れる。蓋をして火から少し離してコロコロところがしながら1分半加熱する。冷水で冷やし、殻をむく。
3 ピクルス液を作る。二番だし、酢、塩、砂糖を合わせて加熱し、沸騰させる。火を止め、酢、もり汁、味醂、赤唐辛子、生姜を加える。
4 3のピクルス液がまだ熱いうちに、ミョウガを加える。少し冷めてから適度にカットしたキュウリとパプリカ、プチトマト、1の野菜類、2のウズラの卵を加える。完全に冷めてから日高昆布を加えて漬ける。3日目くらいから使用可能。

●提供

5 注文ごとにピクルス液から具材を引き出し、器に盛る。

**MEMO**
実のかたい野菜類はだしで煮て火を通してからピクルス液に漬け込むことで、味が染み込みやすくなる。ミョウガは熱いうちに漬け込むことで発色がよくなる。

## 3種のお浸し

P.103

原 24%　仕 手順参照　注 1分

■カブのお浸し

**材料**

カブ（葉付きのもの）、二番だし、もり汁、塩、柚子の皮 …… 各適量

**作り方**

1 カブは葉と実を切り分ける。
2 実の部分は皮をむいてカットし、二番だしでかために茹でる。
3 葉の部分は沸騰した湯でさっと茹でる。
4 2、3を二番だしともり汁、塩で調味して柚子の皮を加えたものに漬け込む。２日ほど漬け込んでから使用。

■ホウレン草とシラスのお浸し

**材料**

ホウレン草、シラス、もり汁、カツオ節 …… 各適量

**作り方**

1 ホウレン草は沸騰した湯でさっと茹でる。
2 1にシラスを加え、もり汁で和える。器にカツオ節を敷き、盛り付ける。

■人参のお浸し

**材料**

葉付き人参、ゴマ油、もり汁、塩、白ゴマ …… 各適量

**作り方**

1 人参は葉と実に切り分ける。実は皮をむき、せん切りにする。
2 葉の部分は沸騰した湯でさっと茹でる。茹で上がりに実のせん切りを加えて軽く加熱し、ともに引き上げ、水にさらす。
3 2をゴマ油、もり汁少々、塩少々で調味する。半日ほど馴じませておく。
4 器に3を盛り、白ゴマをかける。

## 仕上げのさらさら飯

P.104

原 27%　注 2分

**材料（1皿分）**

| | |
|---|---|
| ご飯 | 140g |
| 魚粉 | 適量 |
| 地海苔 | 適量 |
| そば米 | 適量 |
| 長ネギ | 適量 |
| だし汁（かけ汁） | 180㎖ |
| ワサビ | 適量 |

**作り方**

1 ご飯を器に盛り、魚粉をかける。その上を覆うようにたっぷりと地海苔をかける。そば米を散らし、中央に長ネギ輪切りを置く。温めただし汁、ワサビを別添えにする。

## 舞茸の蕎麦粉天ぷら

P.105

原 32%　注 5分

**材料（1皿分）**

| | |
|---|---|
| 舞茸 | 150g |
| そば粉 | 適量 |
| 天ぷら衣 | 適量 |
| 揚げ油 | 適量 |
| 大根おろし | 適量 |
| スダチ | 1/2個 |
| 塩 | 適量 |
| 天つゆ | 適量 |

**作り方**

1 舞茸は大きめに手で裂き、まんべんなくそば粉を打つ。
2 1に天ぷら衣をつけ、160℃の油で揚げる。表になる側を下にして油に入れ、徐々に170℃くらいまで温度を上げていき、焦げ色がつくまでしっかりと加熱。ひっくり返して徐々に160℃くらいまで油の温度を下げていき、引き上げる。
3 器に2を盛り、大根おろし、スダチを添える。塩、天つゆを別添えにする。

**MEMO**

打ち粉にはそば粉を活用。舞茸の細かなヒダの部分までしっかりと粉を打つ。ヒダの部分は火が通りにくく衣が半生になることが多いので、低温でじっくりと火を通す。

### 『満留賀』の天ぷら

**【天ぷら衣】**

製菓用の薄力粉、全卵、氷水で作る。少量ずつ作り、なくなったら足していく。通常の天ぷら用には、衣を箸でたらし、タラタラ、ツーッと落ちる程度の濃度の薄衣。舞茸用には、サーッと落ちるようなさらに緩い衣を使用する。

**【揚げ油】**

綿実油８に対し、太白ゴマ油２の割合でブレンドしたものを使用。胸焼けしにくく、衣の歯触りがサクサクと仕上がり、子供から老人まで幅広く受け入れられるところから選んでいる。

**【天つゆ・塩】**

天つゆはかけ汁８に対し、もり汁２の割合で合わせたものを使用。塩は粗塩を使用する。

## 落花生の旨煮

P.107

原 30%　仕 1時間　注 3分

**材料**（4皿分）

落花生（生）……250g
かけ汁……360mℓ
辛子……適量

**作り方**

●**仕込み**

**1** 落花生は殻をむき、水に30～40分さらしてアクを抜く。

**2** かけ汁で5分ほど煮込み、あら熱が取れたら保存容器に入れて冷蔵保存しておく。

●**提供**

**3** 注文ごとに[2]を1皿分60gで器に盛り、辛子をのせる。

**MEMO**

落花生はアクがよく出るので、煮込む際に取り除く。

## 無花果の胡麻酢味噌

P.108

原 35%　仕 30分　注 3分

**材料**（1皿分）

イチジク……1個
練りゴマ……適量
酢……適量
もり汁……適量
玉味噌＊……適量
柚子の皮……適量

＊玉味噌
材料（1回の仕込み量）
白味噌……1kg
砂糖……500g
酒……180mℓ
味醂……180mℓ
もり汁……180mℓ

**作り方**

●**仕込み**

**1** 玉味噌を作る。材料すべてを混ぜ合わせ、加熱しながら煮詰める。あら熱が取れたら保存容器に入れて冷蔵保存しておく。

●**提供**

**2** イチジクは皮をむき、食べやすいように四つ割りに切り込みを入れる。

**3** 練りゴマ2、酢2、もり汁1、玉味噌1の割合で合わせる。

**4** 器に[2]を盛り、[3]をかける。柚子の皮をふる。

## 木の実の焼きみそ

P.109

原 30%　仕 30分　注 5分

**材料**（6皿分）

ナッツ類（クルミ・カシューナッツ・アーモンド）……50g
松の実……10g
カツオ節……5g
長ネギ……2/3本
西京味噌……200g

**作り方**

●**仕込み**

**1** ナッツ類を炒め、松の実とともに庖丁でごく粗く刻む。

**2** [1]とカツオ節、みじん切りにした長ネギ、西京味噌をよく混ぜ合わせる。保存容器に入れて冷蔵保存する。

●**提供**

**3** [2]を1皿分35g取り、ヘラに塗って直火で表面を焼く。器に盛って提供。

**MEMO**

クルミやカシューナッツは炒めてから使用することで、香ばしさをアップ。粗めにたたくことで食感のアクセントが加わる。

## 蕪のサラダ

P.110

原 30%　注 7分

### 材料（1皿分）

| | |
|---|---|
| 赤カブ | 40g |
| 塩昆布 | 適量 |
| つまみ菜 | 適量 |
| レタス | 適量 |
| 紫キャベツ | 適量 |
| ミニトマト | 適量 |
| スプラウト | 適量 |
| 自家製フレンチドレッシング | 適量 |
| 自家製マヨネーズ | 少々 |
| すりゴマ | 適量 |

### 作り方

**1** 赤カブは皮をむいて薄くスライスし、たて塩に漬けておく。しんなりしたら水にさらし、絞る。

**2** 1の赤カブを塩昆布と和える。

**3** 器につまみ菜、レタス、紫キャベツ、ミニトマト、スプラウトを入れ、2をのせる。フレンチドレッシングにマヨネーズを少々加えたものをかけ、すりゴマをふる。

**MEMO**

塩昆布を塩と旨み調味料の替わりに使用。赤カブは白カブに変えても可。カブと塩昆布の組み合わせを基本に、葉物野菜ではなくイクラなどを組み合わせて小鉢料理にするアレンジも可能。

## 海老芋のから揚げ蟹葛かけ

P.111

原 40%　仕 3時間　注 15分

### 材料（1皿分）

| | |
|---|---|
| エビイモ | 150g |
| かけ汁 | 適量 |
| 片栗粉 | 適量 |
| コーン油 | 適量 |
| あん | |
| かけ汁 | 適量 |
| カニの身 | 30g |
| 三つ葉 | 適量 |
| 葛粉 | 適量 |
| ワサビ | 適量 |

### 作り方

● 仕込み

**1** エビイモは皮付きのまま下茹でし、串が通る程度までやわらかく茹でる。湯から引き出し、あら熱が取れたら皮をむき、ひと口大に切り分ける。

**2** かけ汁を張った小鍋に1を入れ、煮含める。汁気がなくなるまで煮詰め、火を止める。

**3** 2のあら熱が取れたら保存容器に入れて冷蔵保存しておく。

● 提供

**4** 3に片栗粉をまぶし、180℃のコーン油で揚げる。エビイモに火は通っているので、外がカリッとする程度でよい。

**5** あんを作る。小鍋にかけ汁とほぐしたカニの身、三つ葉を入れて温め、葛粉でとろみをつける。

**6** 器に4を盛り、5をかける。天にワサビを置く。

**MEMO**

エビイモの皮をむいたり、片栗粉をまぶしたりする際には、あら熱が取れてから行なうこと。温かいうちはエビイモがやわらかくなっており、身が崩れやすい。

## 鴨団子の土瓶蒸し

P.112

原 35%　仕 40分　注 10分

### 材料（1皿分）

| | |
|---|---|
| 鴨肉ミンチ（モモ肉中心） | 適量 |
| 卵 | 適量 |
| 片栗粉 | 適量 |
| 濃口醤油 | 適量 |
| かけ汁 | 適量 |
| 長ネギ | 適量 |
| キノコ類（エノキ茸・本シメジ） | 適量 |
| ギンナン | 1個 |
| 三つ葉 | 適量 |
| 柚子の皮 | 適量 |

### 作り方

● 仕込み

**1** 鴨肉のミンチに、卵、片栗粉、濃口醤油を加えてこねる。1個30gで取り分け、丸く成形する。

**2** 温めたかけ汁に1を落とし、火入れする。あら熱が取れたら保存容器に入れて冷蔵保存しておく。

● 提供

**3** 注文ごとに土瓶に2の鴨団子2個、なめ切りにした長ネギ、キノコ類、ギンナンを入れ、2の煮汁を張り、火にかける。ひと煮立ちしたら、三つ葉と柚子の皮を加えて提供。

# 子持ち鮎の焼浸

P.113

原 35%　仕 5時間　注 30分

## 材料（1皿分）

| | |
|---|---|
| 子持ちアユ | 1尾 |
| 塩 | 適量 |
| 新生姜 | 適量 |
| かけ汁 | 適量 |
| 木の芽 | 適量 |
| スグリ | 適量 |

## 作り方

●仕込み

**1** 生の子持ちアユを塩焼きにする。

**2** [1]を蒸し器に入れて2時間半から3時間蒸す。あら熱が取れたら保存容器に入れて冷蔵保存しておく。

●提供

**3** 注文ごとに[2]の子持ちアユ、新生姜のせん切りをかけ汁で煮る。弱火で20分ほど煮て、かけ汁を煮含める。

**4** [3]の子持ちアユと新生姜を器に盛る。木の芽、スグリを飾る。

**MEMO**

焼いた後にじっくり蒸し、さらに煮ることで、頭や骨も丸ごと食べられるやわらかさに。冷たいままでもよいし、温めてもおいしい。

# 牡蠣のオイル漬け

P.114

原 40%　仕 30分　注 3分

## 材料（5皿分）

| | |
|---|---|
| 牡蠣（むき身） | 15個 |
| もり汁 | 適量 |
| 味醂 | 20mℓ |
| サラダ油 | 適量 |
| 白髪ネギ | 適量 |
| アサツキ | 適量 |
| ピンクペッパー | 適量 |

## 作り方

●仕込み

**1** 牡蠣を洗い、掃除して、もり汁で煮る。完全に火を通し、仕上げに味醂を加えて少し煮詰め、味を含ませる。アクを取り除き、取り出して水気を切る。

**2** あら熱が取れたら[1]の牡蠣とサラダ油を保存容器に入れ、ひたひたのサラダ油に漬け込んでおく。冷蔵保存し、ひと晩置いてから提供する。10日ほど保存可能。

●提供

**3** 注文ごとにサラダ油から牡蠣を引き上げ、器に盛る。白髪ネギ、アサツキ、ピンクペッパーを添える。

**MEMO**

オイルはサラダ油などクセのないものを使う。牡蠣は煮る際に完全に火を通すこと。オイルは保存性が高く、1週間以上日持ちする。

# 牡蠣しんじょ

P.115

原 40%　仕 2時間　注 20分

## 材料（7皿分）

| | |
|---|---|
| 牡蠣 | 300g |
| 魚のすり身 | 300g |
| 玉子の素 | |
| 　卵黄 | 1個分 |
| 　サラダ油 | 150mℓ |
| コーン油 | 適量 |
| タラの芽 | 適量 |
| チョロギ | 適量 |
| スダチ | 適量 |
| 塩 | 適量 |

## 作り方

●仕込み

**1** 軽く洗って水切りし、ザク切りにした牡蠣と、魚のすり身、卵黄とサラダ油を合わせた玉子の素を混ぜ合わせる。

**2** [1]の生地を1個30gで取り、ラップで包んで丸く成型する。

**3** [2]を蒸して中まで火を通す。あら熱を取り、保存容器に入れて冷蔵保存しておく。

●提供

**4** 注文ごとに[3]のラップを取り除き、150～160℃のコーン油で15分ほどかけてゆっくりと揚げる。

**5** 器に[4]を盛り、素揚げしたタラの芽とチョロギ、スダチ、塩を添える。

**MEMO**

一度蒸しておくのは保存性を高めるため。冷蔵庫で5～6日ほど保存が可能。蒸すことで形が固まっているので、鍋の具材として煮込むなど、揚げる以外の調理法にも向く。揚げる際は低温でじっくり揚げ、焦げないよう注意する。

# 牡蠣の田楽

P.116

原 40%　仕 2時間　注 20分

### 材料（1皿分）

牡蠣（殻付き）……2個
田楽味噌（赤・白）＊……各適量
松の実、けしの実……各適量

＊田楽味噌
材料（1回の仕込み量）

●赤味噌ベース
京都産桜味噌……500g
味醂……150mℓ
酒……60mℓ
砂糖……200g
卵黄……2個
ゴマ油……少々

●白味噌ベース
白味噌……500g
味醂……150mℓ
酒……100mℓ
もり汁……100mℓ
砂糖……100g
一味唐辛子……少々
刻み柚子……少々

### 作り方

●仕込み

**1** 田楽味噌を作る。赤味噌ベース、白味噌ベースともに、素材を合わせて火にかけながら、弱火で練り込む。ある程度やわらかさを残して仕上げ、時間の目安は40～50分ほど。白の田楽味噌は仕上げに一味唐辛子と刻み柚子を加える。あら熱が取れたら保存容器に入れて冷蔵保存しておく。

●提供

**2** 牡蠣を殻から外して洗う。電子レンジで1個につき40～50秒ほど加熱し、中まで温める。

**3** 牡蠣を殻に戻し入れ、[1]の田楽味噌を塗り、白味噌の方には松の実を、赤味噌の方にはけしの実をふる。焼き台の上火もしくはバーナーで表面を炙る。器に盛り付け提供。

# 季節の天ぷら（牡蠣と白子の天ぷら）

P.118

原 35%　注 30分

### 材料（1皿分）

牡蠣……1個
白子……30g
ユリ根……1個
椎茸……1個
リンゴ……1/12個
薄力粉……適量
天ぷら衣……適量
揚げ油……適量
大根おろし……適量
おろし生姜……適量
スダチ……1/2個
天つゆ……適量
粉糖……適量
シナモン……適量

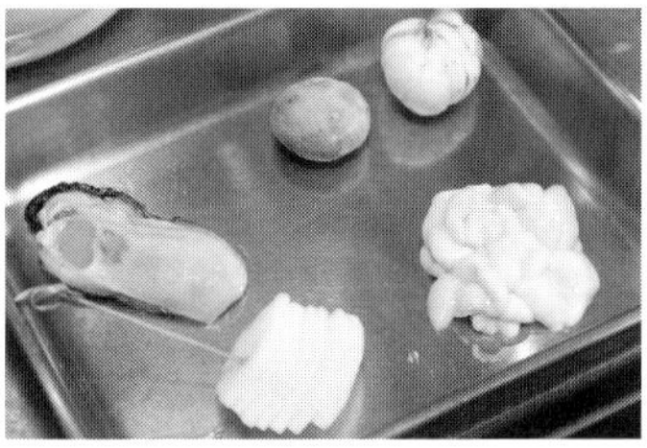

### 作り方

**1** 食材をそれぞれ下処理する。リンゴはやや厚めにスライスし、ミルフィーユ状に重ねて串を打つ。

**2** それぞれ粉を打ち、天ぷら衣をつけて揚げる。基本は170～180℃で、中まで火を通す。牡蠣は170～180℃で揚げる。生食できる牡蠣を使用し、火を通しすぎないように中まで熱が通った程度で引き上げる。ユリ根は160℃くらいの低温で3～4分かけてじっくりと火を通す。

**3** [2]の天ぷらを器に盛り、スダチ、大根おろしとおろし生姜、天つゆを添える。リンゴの天ぷらには粉糖とシナモンをかける。

**MEMO**

白子のヒダの中などすみずみまでしっかり薄力粉を打つこと。下粉がないと天ぷら衣がはげやすくなり、水分が出てしまったりする。

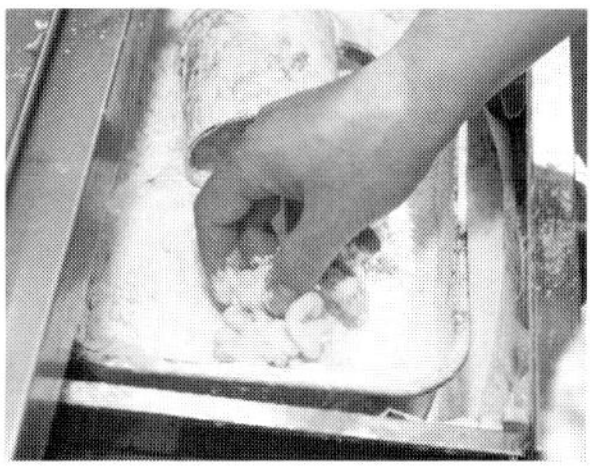

### 『森の』の天ぷら

**【天ぷら衣】**

基本的に注文ごとに作る。全卵2個と卵黄1個分を、水1ℓで溶いた卵水を冷やしておき、注文ごとに薄力粉を溶く。サクサクに揚がるように、空気が抜けないようさくっと混ぜる。濃度は揚げる素材によって変える。天ぷらは「焼く」「蒸す」「煮る」の3つの調理法を兼ねることができる（森野氏）。そこで、素材を焼きたい時には薄く、蒸したい時には濃く衣を作る。ちなみに煮たい時には低温でじっくり揚げる。

**【揚げ油】**

コーン油6に対し、太白ゴマ油2、薄口のゴマ油2の割合でブレンド。コーン油は自然な製法・圧縮法で精製したもの。油切れがよいが旨みに乏しいので、太白ゴマ油で補う。また、香りは薄口のゴマ油で補う。3～4人分を揚げた後に一度漉し、その後2～3人分を揚げたら油を交換する。

**【天つゆ】**

かけ汁にかえし少々を加え、加熱して使用。

# 松郷庵 甚五郎

## とろーりチーズのそば粉揚げ

P.121

原 25%　仕 15分　注 3分～4分

### 材料（1皿分）

| | |
|---|---|
| ナチュラルチーズ（3×5㎝） | 3枚 |
| 大葉 | 3枚 |
| そば衣 | 適量 |
| 揚げ油 | 適量 |
| ゴボウ | 1つかみ分 |
| 塩 | 適量 |

### 作り方

●仕込み

1 ゴボウは斜めに薄くスライスし、酢水にさらしてアク抜きをする。

●提供

2 チーズを大葉で巻き、楊枝で留める。

3 2にそば衣をしっかりと厚めにつけ、160～180℃の揚げ油でカラッと揚げる。a

4 1を160～180℃の揚げ油で水分が抜けるまでじっくり、カリッと揚げ、塩をふる。

5 器に3と4を盛り合わせる。

**MEMO**

そば衣は小麦粉の衣と比べて揚げているときに散りやすいので、しっかりと混ぜてから使用する。

## 若鶏のそば粉揚げ

P.122

原 28%　仕 1時間　注 7分～8分

### 材料（18皿分）

| | |
|---|---|
| 鶏モモ肉 | 3kg |
| 漬け地 | |
| そば用のかえし | 360㎖ |
| 濃口醤油 | 360㎖ |
| 酒 | 720㎖ |
| おろしニンニク | 大さじ2 |
| おろし生姜 | 大さじ2 |
| 片栗粉 | 適量 |
| そば衣 | 適量 |
| 揚げ油 | 適量 |
| サラダ菜 | 適量 |
| レモン | 適量 |

### 作り方

●仕込み

1 漬け地の材料を合わせ、ひと口大にカットした鶏モモ肉を入れ、1時間漬け込む。

●提供

2 1の鶏モモ肉を漬け地から引き出し、水気を切り、片栗粉をまぶす。そば衣をつけ、130～140℃の低温の油でじっくりと揚げる。後半は少し温度を上げていき、150～160℃で引き上げる。

3 器にサラダ菜を敷き、2を盛り込む。レモンを添える。

## 山芋唐揚

P.123

原 20%　仕 10分　注 3分～4分

### 材料（1皿分）

| | |
|---|---|
| 長イモ | 100g |
| 揚げ油 | 適量 |
| 塩 | 適量 |

### 作り方

●仕込み

1 長イモは皮をむき、1㎝角ほどのやや厚めの短冊に切る。保存容器に入れて冷蔵保存する。

●提供

2 1を170～180℃の揚げ油で素揚げする。

3 器に2を盛り、塩をふる。

**MEMO**

長イモは生食できるので、周囲がキツネ色になる程度に揚げ、シャキシャキした食感を残して仕上げる。

## 生ゆば春巻き

P.124

原 34%～35%　仕 30分　注 3分

### 材料（1皿分）

生の平湯葉（20cm×18cm）……1枚
むきエビ……3尾
水菜……適量
レタス……適量
サニーレタス……適量
キュウリ……適量
ミョウガ……適量
サラダ菜……適量
ドレッシング＊……適量

＊ドレッシング
材料（1回の仕込み量）
ゴマドレッシング（市販品）……170mℓ
もり汁……70mℓ
二番だし……50mℓ
田舎味噌……5g
刻み長ネギ……適量

### 作り方

●仕込み

1 ドレッシングを作る。材料すべてを混ぜ合わせる。保存容器に入れて冷蔵保存する。
2 むきエビはボイルする。水菜、レタス、サニーレタスは、手で細かくちぎる。キュウリ、ミョウガはせん切りにする。それぞれ保存容器に入れて冷蔵保存する。

●提供

3 生の平湯葉に[2]の具材をのせ、棒状に巻く。三等分にカットする。
4 器にサラダ菜を敷き、[3]をのせる。[1]のドレッシングを別添えにして提供。

**MEMO**
そば店にある既存食材を活用し、ロスなく開発。そば用のもり汁やそば用の二番だしなども使用し、そば店らしさを打ち出す。

## 若鶏のみぞれ煮

P.125

原 28%　仕 1時間　注 7分～8分

### 材料（18皿分）

鶏モモ肉……3kg
漬け地（「若鶏のそば粉揚げ」参照）……全量
片栗粉……適量
揚げ油……適量
シシトウ……2本
大根おろし……適量
うどん用のもり汁……適量

### 作り方

●仕込み

1 鶏モモ肉をひと口大にカットし、漬け地に1時間漬け込む。

●提供

2 [1]の鶏モモ肉を漬け地から引き出し、水気を切り、片栗粉をまぶす。140～150℃の低温の油でじっくりと揚げる。
3 シシトウは素揚げする。
4 器に[2]を盛り、大根おろし、[3]をのせる。温めたうどん用のもり汁をかける。

**MEMO**
唐揚げと食材、漬け地が共通。ロスを防ぎながらメニュー幅を広げている。

## 牛柳川風

P.126

原 30%　仕 10分　注 10分

### 材料（1皿分）

牛すき焼きの具（業務用・牛肉、玉ネギ、糸こんにゃく入り）……200g
笹がきゴボウ……1つかみ分
うどん用のかけ汁……適量
卵……1個
三つ葉……適量

### 作り方

●仕込み

1 笹がきゴボウを酢水にさらしてアク抜きをする。

●提供

2 [1]を小鍋に入れ、うどん用のかけ汁で温める。火が通ったら、牛すき焼きの具を加えて温め、卵でとじる。
3 器に[2]を盛り、三つ葉を飾る。

## 香り豚の角煮

P.127

原 60%　仕 3日　注 5分

### 材料（1皿分）

豚の角煮＊ …… 5切れ分
サラダ菜 …… 適量
辛子 …… 適量

＊豚の角煮
材料（70～80切れ分）
豚バラ肉 …… 4kg
おから …… 500g
長ネギの頭 …… 3本分
煮汁
　そば用のかえし …… 720mℓ
　うどん用のかえし …… 720mℓ
　味醂 …… 1260mℓ
　酒 …… 360mℓ
　ウィスキー …… 180mℓ
　きび砂糖 …… 340g
　生姜 …… 適量

### 作り方

●仕込み

1 豚の角煮を作る。豚バラ肉は棒状で7本分くらいに切り分ける。おから、長ネギの頭とともに30～40分下茹でし、豚バラ肉を引き出してぬるま湯で洗う。
2 [1]の豚バラ肉はあら熱が取れたらバットに入れて蓋をし、ひと晩冷蔵庫で寝かせて落ち着かせる。
3 煮汁の材料をすべて合わせ、火にかけて13～15分煮込む。
4 [2]の豚バラ肉をバットに入れ、沸騰した状態の[3]を注ぎ入れる。蒸し器で1時間蒸し、豚バラ肉をひっくり返してさらに1時間蒸す。
5 煮汁に漬けた状態のまま[4]を冷まし、あら熱が取れたら冷蔵庫でひと晩寝かせ、翌日から使用。

●提供

6 注文ごとに煮汁とともに[5]の豚の角煮を温める。
7 器にサラダ菜を敷き、[6]をのせる。辛子を添える。

**MEMO**

蒸すことで煮るよりもさらにやわらかく仕上げる。冷める工程で味が入るので、煮汁に漬けたまま冷ます。

## 西京味噌床でつけた漬物

P.128

原 40%　仕 3日以上　注 5分

### 材料（1回の仕込み量）

大根 …… 1/2本
人参 …… 1本
キュウリ …… 5本
塩 …… 適量
西京漬床（甘強酒造㈱の本味醂、米味噌、味醂粕、食塩で作った漬け床） …… 適量

### 作り方

●仕込み

1 大根は皮をむき、縦に四等分に切る。人参は皮をむき、太い部分は縦に半割にする。
2 [1]とキュウリを塩もみし、1時間置く。余分な水分をキッチンペーパーで取り除く。
3 [2]を「西京漬床」に漬け込み、3日間冷蔵庫で置く。3日後、野菜類を取り出し、保存容器に移して冷蔵保存する。

●提供

4 大根、人参、キュウリの漬物をそれぞれ2cm弱の幅にカットする。5切れずつ器に盛り付けて提供。

## 三種のきのこの天ぷら

P.129

原 30%　注 7分～8分

### 材料（1皿分）

舞茸 …… 60g
大シメジ …… 40～50g
大ナメコ …… 40～50g
天ぷら衣 …… 適量
揚げ油 …… 適量
大根おろし …… 適量
天つゆ …… 適量

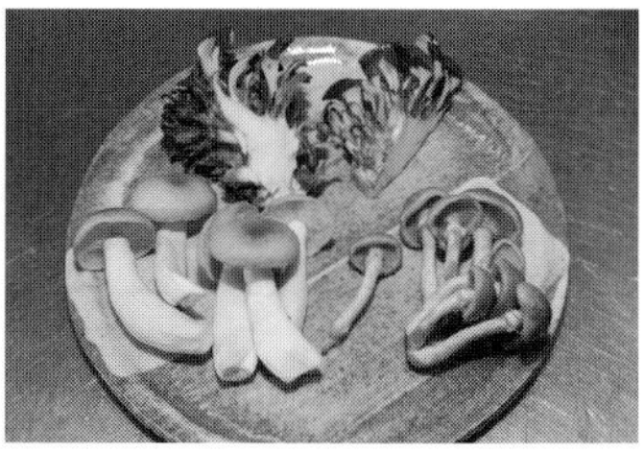

### 作り方

1 舞茸は石突きを取り除き、大きめに裂く。大シメジは1本ずつ小分けする。ナメコは2本ずつまとめる。
2 [1]のキノコ類にそれぞれ天ぷら衣をつけ、170～180℃の揚げ油で1～2分揚げる。
3 器に[2]を盛り、大根おろし、天つゆを添える。

## 川越芋の天ぷら

P.130

原 40%　仕 2日　注 5分

**材料**（1皿分）

サツマイモ ………… 70g×5枚
天ぷら衣 ………… 適量
揚げ油 ………… 適量
抹茶塩 ………… 適量

**作り方**

●仕込み

1 サツマイモはアルミホイルで包み、250℃のオーブンで3時間加熱する。あら熱が取れたら冷蔵庫に入れひと晩寝かせる。

●提供

2 1のサツマイモをある程度厚みが出るように調整しながら、1枚70gでカットする。
3 2に天ぷら衣を薄めにつけ、150℃の揚げ油で2分ほど揚げる。
4 器に3を盛り、抹茶塩を添える。

**MEMO**

厚みがあるので揚げる際なかなか温まりにくいので、低温でゆっくり加熱する。金串で刺して中まで温かくなったか確認し、引き上げる。

### 『甚五郎』の天ぷら

**【天ぷら衣】**
天ぷら用の粉（卵成分入りの業務用）9に対し、上新粉1の割合で合わせることでさっくりと軽い仕上がりに。水もサクッと仕上げるために酸性水を使用。混ぜ合わせる際には、周りに粉が残るくらいにさっくりと混ぜ、粘度をあまり出さないように仕上げる。

**【そば衣】**
そば粉1に対し、水1.8程度で混ぜ合わせて作った天ぷら用の衣。かたさを見ながら水を加えて調整。ややしっかり目で、引き上げた時にツーッと時間をかけて落ちる程度の粘度を持たせる。粘度が弱いと衣が薄くなりすぎるので（場合によってはつかないので）気をつける。

**【揚げ油】**
綿実油、コーン油、米油を同割りでブレンド。1日2回取り換える。

**【天つゆ】**
うどん用のもり汁を使用する。

## きのこのそば粉ピザ

P.132

原 40%　仕 2時間　注 20分

**材料**（1皿分）

そば粉（十割） ………… 60g
湯 ………… 30mℓ
ピザソース＊ ………… 大さじ2
塩麹 ………… 小さじ1
ミックスチーズ ………… 120g
キノコ類（シメジ、エリンギ、椎茸、アワビ茸） ………… 適量

＊ピザソース
材料（1回の仕込み量）
ホールトマト ………… 2250g
玉ネギ（みじん切り） ………… 2個
ニンニク（みじん切り） ………… 2片

**作り方**

●仕込み

1 ピザソースを作る。ホールトマトに玉ネギ、ニンニクを加えて煮込む。弱火で6割ほどまで煮詰めて火を止め、あら熱が取れたらフードプロセッサーにかけてペースト状にする。保存容器に入れて冷蔵保存する。

●提供

2 そば粉を湯で溶き、練って生地を作る。丸くまとめ、そば粉（分量外）を打ち粉にして麺棒でのし、薄く丸く広げる。
3 2の生地の上に1のピザソース、塩麹を塗り、ミックスチーズを広げる。キノコ類をのせる。
4 3をピザ焼き用の石のプレートにのせ、230℃のオーブンで5分ほど焼く。
5 4を八等分にカットし、器に盛る。

**MEMO**

そば粉の生地は事前に作り置きが可能。湯でこねて丸くまとめた状態で冷蔵保存しておくとよい。

## かもチャーシュー

P.134

原 40%　仕 2時間　注 5分

### 材料（6皿分）

| | |
|---|---|
| 鴨モモ肉 | 6枚 |
| 水 | 適量 |
| ニンニク | 1片 |
| そば用のかえし | 適量 |
| 水菜 | 適量 |
| 長ネギ | 適量 |

### 作り方

●仕込み

1 鴨モモ肉をタコ糸で巻き、フライパンで表面を焼く。出てきた脂は取っておき、そばメニューに使用。

2 ①の鴨モモ肉は水、ニンニクとともに鍋に入れる。70℃くらいの湯で2時間火を通す。

3 ②の鴨モモ肉を、そば用のかえしに10分ほど漬け込む。

4 かえしから鴨モモ肉を引き上げ、あら熱が取れたら保存容器に入れて冷蔵保存しておく。

●提供

5 注文ごとに④を厚めにカットする。端の部分はそばメニューで活用し、中央部分のみを使用。表面をフライパンで焼く。

6 器に⑤を盛り、水菜、笹打ちネギを飾り、④のかえしをドレッシングとしてかける。

**MEMO**

鴨の脂の出たそば用のかえしは、そばメニューに活用する。鴨モモ肉はそば用のかえしにずっと漬け込んでおくと味が濃くなりすぎるので、10分程度で引き上げておくこと。

## かもロース

P.135

原 40%　仕 20分　注 5分

### 材料（3～4皿分）

| | |
|---|---|
| 鴨ロース肉 | 1枚 |
| もり汁 | 適量 |
| 水菜 | 適量 |
| 長ネギ | 適量 |
| ワサビ | 適量 |
| そば用のかえし（「かもチャーシュー」で鴨モモ肉を漬け込んだもの） | 適量 |

### 作り方

●仕込み

1 鴨ロース肉は脂部分をフライパンで焼く。

2 もり汁を鍋に張り、加熱して沸騰させる。①の鴨ロース肉を加え、沸騰するかしないか程度の火加減で6分ほど加熱する。

3 温かいうちに②を容器に移し、ラップで密封する。あら熱が取れたら冷蔵保存し、翌日より使用する。

●提供

4 ③の鴨ロース肉を漬け地から引き出し、判が大きく取れるように斜めに薄くスライスする。

5 器に④を盛り、水菜、笹打ちネギを飾る。ワサビを添える。そば用のかえしをドレッシングとしてかける。

**MEMO**

鴨ロース肉はもり汁に漬けて低温で加熱することで、しっとりとやわらかく仕上げる。

## 焼きそばがきのブルーチーズみそ田楽

P.136

原 35%　仕 30分　注 20分

### 材料（1皿分）

| | |
|---|---|
| そば粉 | 35g |
| そばがきベース（そば粉1に対し、水8の割合で溶いたもの） | 120㎖分 |
| 綿実油 | 大さじ2 |
| 田楽味噌＊ | 大さじ1.5 |
| ブルーチーズ | 小さじ1 |
| 綿実油（ソース用） | 大さじ2 |
| もり汁 | 少々 |
| そば湯 | 適量 |
| ホウレン草 | 適量 |

＊田楽味噌

材料（1回の仕込み量）

| | |
|---|---|
| 麦味噌 | 1kg |
| 酒（煮切ったもの） | 300㎖ |
| 砂糖 | 300g |
| 卵黄 | 5個 |

### 作り方

●仕込み

1 田楽味噌を作る。麦味噌、酒、砂糖を加熱しながら10分ほど練り上げ、仕上げに卵黄を加えて混ぜわせる。あら熱が取れたら保存容器に入れて冷蔵保存する。

●提供

2 そば粉を水で溶いたそばがきベースを作っておき、注文ごとにそば粉を足して生地を作る。

3 ②を加熱しながら練り上げる。後で焼くことを考慮し、緩めに仕上げる。

4 フライパンに綿実油をひき、③の生地を強火で焼く。両面焼き色が付くまで焼き上げる。

5 別のフライパンに綿実油をひき、田楽味噌、ブルーチーズを加えて油に溶かす。もり汁で調味し、そば湯でほどよいとろみをつける。

6 器に④を盛り、⑤をかける。茹でたホウレン草を飾る。

**MEMO**

そば粉を水で溶いたそばがきベースを作っておくことで、提供スピードを短縮。緩めに作っておき、用途ごとにそば粉を加えてかたさを調整する。

## そばがきの揚げだし

P.137

原 30%　注 20分

### 材料（1皿分）

| | |
|---|---|
| そば粉 | 35g |
| そばがきベース（そば粉1に対し、水8の割合で溶いたもの） | 120mℓ分 |
| 綿実油 | 適量 |
| もり汁 | 適量 |
| 水 | 適量 |
| ホウレン草 | 適量 |
| 鬼おろし大根 | 適量 |
| 長ネギ | 適量 |

### 作り方

1 そば粉を水で溶いたそばがきベースを作っておき、注文ごとにそば粉を足して生地を作る。
2 1を加熱しながら練り上げる。後で揚げることを考慮し、緩めに仕上げる。
3 180℃の綿実油で2を揚げる。周りが固まり、キツネ色になったくらいで引き上げる。
4 もり汁2に対し、水1の割合で合わせて小鍋に入れ、温める。
5 器に3を入れ、4を張る。茹でたホウレン草、鬼おろし、笹打ちネギをのせる。

**MEMO**

そばがきは火が通っているので、外側を固めてカリッと仕上げる程度に揚げる。

## きのこと野菜の天ぷら

P.138

原 40%　注 20分

### 材料（1皿分）

| | |
|---|---|
| 椎茸 | 2個 |
| シメジ | 適量 |
| アワビ茸 | 適量 |
| 人参 | 2切れ |
| ピーマン | 1個分 |
| モロッコインゲン | 1本 |
| カボチャ | 1切れ |
| 長ネギ | 2切れ |
| 天ぷら衣 | 適量 |
| 揚げ油 | 適量 |
| 天つゆ | 適量 |
| 岩塩 | 適量 |

### 作り方

1 キノコ類、野菜類をそれぞれ下処理し、天ぷら衣をつけ、180℃の揚げ油で揚げる。油の温度が下がらないように強火で加熱しながら、火の通りにくい食材から先に入れていく。途中で天ぷら衣を上から散らして花を咲かせ、見た目よく仕上げる。
2 1の天ぷら類を器に盛り込む。天つゆ、岩塩を添えて提供。

### 『KATSURA』の天ぷら

**【天ぷら衣】**
卵1個に対し、水700～800mℓを合わせて卵水を作り、薄力粉を溶く。素材の味や色合いを活かすため、かなり緩い薄衣に。大さじ2程度の炭酸水を仕上げに加える。炭酸水を加えることでふわっと仕上がる。

**【揚げ油】**
綿実油を使用。

**【天つゆ・塩】**
天つゆはもり汁をそのまま使用。塩は粒子の細かい岩塩を使用。

## 鳥くわ焼き

P.140

原 30%　注 10分

### 材料（1皿分）

| | |
|---|---|
| 鶏モモ肉 | 150g |
| 長ネギ（6㎝幅にカット） | 5本 |
| サラダ油 | 適量 |
| もり汁 | 90mℓ |
| 味醂 | 少々 |

### 作り方

1 鶏モモ肉は大き目に切り分ける。
2 フライパンにサラダ油をひき、1の両面を焼く。長ネギを加えて焼き目が付くまで焼く。
3 2にもり汁、味醂を加えて軽く煮込み、器に盛る。

**MEMO**

もり汁を調味料として活用し、深みのある味わいを作り出す。鶏肉は1切れ50g程度の大きめにカットし、食べ応えを工夫する。

## 生かきフライ

P.141

原 35%　注 15分

### 材料（1皿分）

牡蠣（むき身） ……… 5個
薄力粉 ……… 適量
卵液 ……… 適量
生パン粉 ……… 適量
揚げ油（コーン油と綿実油を同割りにしたものに、ラード少々を加えたもの） ……… 適量
キャベツ ……… 適量
キュウリ ……… 適量
トマト ……… 適量
ソース ……… 適量

### 作り方

**1** 牡蠣は軽く塩水に漬けて汚れを取り、流水で洗う。キッチンペーパーなどでしっかりと水を切り、薄力粉をまんべんなくつけ、軽くはたいて余分な粉を落とす。卵液につけ、生パン粉をまぶす。

**2** [1]を170℃の油で揚げる。1分半ほどでひっくり返し、さらに1分ほど揚げ、引き上げる。

**3** 器に[2]を盛り、せん切りにしたキャベツ、スライスしたキュウリ、トマトを添える。ソースを別添えにする。

**MEMO**

・生食可能な生牡蠣を使用し、火を通しすぎずに仕上げる。牡蠣は油が汚れやすいので、専用の鍋を使いたい。
・フライの衣には粗めの生パン粉を使用。生パン粉は素材にくっつきやすく、ザクザクとした食感に揚がる。揚げ油にはラード少々を加えてコクを出す。

## 抜きおろし

P.142

原 30%　仕 10分　注 5分

### 材料（1皿分）

そばの実（丸抜き） ……… 10g
アサリ ……… 10個
紫辛味大根 ……… 50g
三つ葉 ……… 適量
ポン酢 ……… 適量

### 作り方

●仕込み

**1** そばの実は沸騰した湯で3分ほど茹でておく。アサリは茹でて身を取り、冷ましておく。それぞれ保存容器に入れて冷蔵保存する。

●提供

**2** 紫辛味大根は皮をむいておろし、水気を絞る。三つ葉は茹でて水気を切る。

**3** [1]と[2]を混ぜ、ポン酢をからめる。器に盛り付ける。

**MEMO**

食材をそれぞれ下ごしらえしておき、注文後、素早く提供する。そばの実は茹ですぎず食感を活かす。

## 横浜産ねぎとタコの酢みそ和え

P.143

原 35%　仕 15分　注 10分

### 材料（1皿分）

長ネギ ……… 2/3本
茹でタコ（スライス） ……… 7切れ
生ワカメ ……… 2〜3g
玉味噌＊ ……… 適量
砂糖 ……… 少々
酢 ……… 適量

＊玉味噌
材料（1回の仕込み量）
西京味噌 ……… 300g
卵黄 ……… 2個
酒 ……… 適量

### 作り方

●仕込み

**1** 玉味噌を作る。すべての材料を加熱しながら練り合わせる。冷ましてから保存容器に入れて冷蔵保存する。

●提供

**2** 長ネギは青い部分を主体に使用。適度にカットして茹で、冷水に取り、水気を切る。

**3** 酢味噌を作る。[1]の玉味噌、砂糖を混ぜ、酢でのばす。

**4** [2]の長ネギ、タコ、生ワカメを[3]の酢味噌で和え、器に盛る。

**MEMO**

玉味噌は作り置きがきき、酢味噌やゴマ味噌和えなど、色々な料理に活用できる。

## 春菊ときのこのナッツ白和え

P.144

原 25%　注 10分

**材料**（1皿分）

春菊 …… 1/2束
キノコ類（舞茸、シメジなどを小分けにしたもの）…… 1つかみ分
人参 …… 適量
木綿豆腐 …… 50g
玉味噌（「横浜産ねぎとタコの酢みそ和え」参照）…… 大さじ2
薄口醤油 …… 小さじ1
砂糖 …… 小さじ1
練りゴマ …… 小さじ1
アーモンド …… 3粒
カシューナッツ …… 3粒

**作り方**

1 春菊は根元を切る。キノコ類は細かくさく。人参は皮をむいて細切りにする。
2 [1]の野菜類をさっと茹で、冷水にとる。しっかりと水切りする。
3 木綿豆腐をつぶし、玉味噌、薄口醤油、砂糖、練りゴマを混ぜ合わせる。
4 [2]と[3]を混ぜ合わせ、アーモンドとカシューナッツを砕いたものを加えて和える。器に盛る。

**MEMO**

和えた後に水っぽくならないように、食材を茹でた後にしっかり水気を切る。

## 豆腐とかぶのあんかけ

P.145

原 25%　仕 10分　注 10分

**材料**（3皿分）

木綿豆腐 …… 300g
片栗粉 …… 適量
サラダ油 …… 適量
カブ …… 3個
かけ汁 …… 適量
味醂 …… 適量
水溶き片栗粉 …… 適量
刻み青ネギ …… 適量

**作り方**

●仕込み

1 カブは皮をむいて半分に切る。半分の量を2～3分塩茹でし、冷ましてから保存容器に入れて冷蔵保存する。残りの半分は保存容器に入れて冷蔵保存する。

●提供

2 木綿豆腐は水切りしたものを3等分にカットし、片栗粉をまぶす。サラダ油をひいたフライパンで焼き、まんべんなく全体に焼き色を付ける。
3 [1]の塩茹でしたカブをフライパンで軽く焼く。[1]の残り半分のカブをすりおろす。
4 小鍋にかけ汁を入れて温め、味醂少々で調味。[3]のすりおろしたカブを加えて軽く温め、水溶き片栗粉でとろみをつける。
5 [2]の木綿豆腐、[3]の焼いたカブを器に盛り、[4]をかける。刻みネギを散らす。

**MEMO**

かけ汁をあんのベースとして活用。具材として使う豆腐とカブは、フライパンで焼くことで香ばしさとコクをプラスする。

## ちりめんじゃこ天ぷら

P.146

原 35%　注 5分

**材料**（1皿分）

ちりめんじゃこ …… 50g
大葉 …… 1枚
薄力粉 …… 適量
天ぷら衣 …… 適量
揚げ油 …… 適量

**作り方**

1 ちりめんじゃこに軽く打ち粉をして天ぷら衣を加え、しっかりと混ぜる。
2 170～180℃の揚げ油の中に揚げかごを入れ、[1]の生地を流し入れる。最初のうちに菜箸で生地を軽くかき混ぜ、刺して空気を入れる。しっかり固まるまで2分ほど揚げる。
3 大葉は片面に天ぷら衣をつけ、175℃程度でさっと揚げる。
4 器に[2]、[3]を盛る。

**MEMO**

天ぷら衣を加えすぎるとペシャッとした食感になってしまう。天ぷら衣とちりめんじゃこを混ぜた時にパサパサに感じる程度に控えめに加えるとよい。

### ▶『さかい』の天ぷら

**【天ぷら衣】**
薄力粉1に対し、卵水1で作る。卵水は水500㎖に対し、全卵1個を使用。

**【揚げ油】**
コーン油と綿実油を同割りで使用し、軽めに仕上げる。

**【天つゆ】**
かけ汁をベースにもり汁を少々加え、温めて使用する。

# ごぼう天

P.147

原 30%　仕 35分　注 5分

### 材料（1皿分）

| | |
|---|---|
| ゴボウ | 70g |
| 桜エビ | 5g |
| 薄力粉 | 適量 |
| 天ぷら衣 | 適量 |
| 揚げ油 | 適量 |
| 大葉 | 1枚 |
| 大根おろし | 適量 |
| 天つゆ | 適量 |

### 作り方

**●仕込み**

**1** ゴボウはささがきにし、水に30分ほどさらす。引き上げて水気を切る。

**●提供**

**2** [1]に打ち粉をして天ぷら衣を加え、全体に行きわたるようにからめる。

**3** 180℃の揚げ油の中に揚げかごを入れ、[2]の生地を流し入れる。

**4** 桜エビに少量の天ぷら衣を加えてからめる。

**5** [3]が少し固まったところで、[4]を加えて揚げる。固まってきたら揚げかごを抜き、泡が細かくなってきたら引き上げる。揚げ時間は2分弱。

**6** 大葉は片面に天ぷら衣をつけ、175℃程度でさっと揚げる。

**7** 器に[5]、[6]、大根おろしを盛り、天つゆを添える。

**MEMO**

天ぷら衣はごく控えめでまぶす程度に使用し、高温で一気に揚げてサクサクした食感に仕上げる。

# コンニャク田楽

P.149

原 33%　仕 1時間　注 3分〜5分

### 材料（1皿分）

| | |
|---|---|
| コンニャク | 1/2個 |
| 田楽味噌＊ | 適量 |

**＊田楽味噌**

**材料（1回の仕込み量）**

| | |
|---|---|
| A | |
| 白味噌 | 1kg |
| そばのもり汁 | 200㎖ |
| 二番だし | 適量 |
| グラニュー糖 | 500g |
| 柚子の皮 | 1個分 |
| 白ゴマ | 適量 |
| 一味唐辛子 | 小さじ2杯 |

### 作り方

**●仕込み**

**1** 田楽味噌を作る。鍋にAの材料を入れ、木ベラで混ぜながら中火で煮詰める。

**2** [1]を常温で冷まし、刻んだ柚子の皮、白ゴマ、一味唐辛子を加える。保存容器に入れて冷蔵保存する。

**●提供**

**3** コンニャクは5㎝×4㎝×1㎝のサイズに切り、串打ちする。

**4** 小鍋に湯を沸かし、[3]を加えて3分ほど温める。同時にボウルに[2]を入れ、湯せんして温める。

**5** 器に[4]のコンニャクを盛り、温めた田楽味噌をかける。

**MEMO**

柚子と一味唐辛子を加えることで、香りがよく、ピリッと辛味のある田楽味噌に仕上げている。

# 煮穴子

P.150

原 41%〜47%　仕 5分　注 20分〜30分

### 材料（1皿分）

| | |
|---|---|
| 穴子 | 1尾 |
| 煮穴子の煮ツメ＊ | 適量 |
| そばのかけ汁 | 適量 |
| グラニュー糖 | 適量 |
| 大葉 | 1枚 |
| 白髪ネギ | 適量 |
| 粉山椒 | 適量 |

**＊煮穴子の煮ツメ**

そばのもり汁とグラニュー糖を煮詰めたものをベースに、開店以来、そばのかけ汁とグラニュー糖を加え、穴子を煮詰めたものを継ぎ足している。冷蔵保存しておく。

### 作り方

**●仕込み**

**1** 穴子は背開きにして内臓と中骨、背ビレを取り除き、頭を落として開く。皮目に熱湯をかけて庖丁（またはたわし）でぬめりを取り、腹ビレを取り除く。冷蔵保存する。

**●提供**

**2** 鍋に煮穴子の煮ツメ、そばのかけ汁、グラニュー糖を穴子がかぶるくらい加え、火にかける。

**3** [2]が煮立ったら穴子を入れて落し蓋をして弱火で17分煮る。

**4** 煮汁が1〜2㎝くらいになるまで煮詰めたら火から外し、5分ほど休ませて味を含ませる。

**5** 器に大葉を敷き、[4]の穴子を半分に切って盛り付ける。白髪ネギを飾り、[4]の煮汁をかけ、粉山椒を添える。

**MEMO**

穴子は吹きこぼさないように弱火で煮た後、5分ほど休ませることで味を含ませながら、ふっくらと仕上げる。

## 穴子の肝の佃煮

P.151

原 10%　仕 20分　注 1分

**材料**（2～3皿分）

- 穴子の肝 …… 穴子20～30本分
- そばのかけ汁 …… 適量
- グラニュー糖 …… 適量
- 山椒 …… 適量
- 大葉 …… 適量
- 白髪ネギ …… 適量

**作り方**

●**仕込み**

1 穴子の肝の端を切り、庖丁の背で中の血合いや浮き袋などを取り除く。反対側も同様に行なう。
2 穴子の肝のアクと臭みを取る。鍋に湯を沸かし、1の穴子の肝を入れ、軽く茹でたら、ザルに上げる。
3 鍋に2の穴子の肝、そばのかけ汁、グラニュー糖を加え、沸かす。
4 沸いたら山椒を加え、焦がさないよう、弱火で煮詰める。
5 煮詰めたら、ストックに入れ、冷蔵庫で保存する。

●**提供**

6 注文ごとに器に大葉を敷き、5、白髪ネギをあしらって提供。

**MEMO**

穴子の肝の臭み消しに山椒を加えている。穴子をさばいて肝を取り除く際は、苦玉（胆のう）をつぶさないこと。

## おひたし

P.152

原 45%　仕 10分　注 6分

**材料**（1回の仕込み量）

- ホウレン草 …… 5～6束
- うどんのもり汁 …… 適量
- カツオ節 …… 適量
- 白すりゴマ …… 適量

**作り方**

●**仕込み**

1 鍋に湯を沸かし、ホウレン草を根元から茹でる。
2 1を冷水にとって水気を絞る。冷水を取り換えてこの工程を3～4回行ない、エグミを取る。
3 2を4㎝幅にカットし、保存容器に入れて冷蔵保存する。

●**提供**

4 注文後、3を1皿分40g取り、うどんのもり汁に5分ほど浸す。
5 器に4を盛り、カツオ節と白すりゴマをかける。

**MEMO**

茹でたホウレン草を冷水にとって水気を絞る工程を3～4回行なう。冷水を毎回取り換えてホウレン草のエグミを取る。

## 味噌きゅうり

P.153

原 27%　注 1分

**材料**（1皿分）

- キュウリ …… 1本
- 田楽味噌（「コンニャク田楽」参照） …… 適量

**作り方**

1 キュウリを3等分ぐらいにし、さらに縦割りに切る。
2 器に1と田楽味噌を盛り付ける。

## 煮湯葉玉子とじ

P.154

原 50%　注 3分

**材料**（1皿分）

- 生湯葉 …… 60g
- そばのかけ汁 …… 200㎖
- 溶き卵 …… 1個分
- 柚子の皮 …… 1片
- ワケギ …… 適量

**作り方**

1 鍋に生湯葉とそばのかけ汁を入れ、火にかける。
2 かけ汁が沸騰したら、溶き卵を流し入れる。半熟状になったら、火から外す。
3 器に2を盛り、柚子の皮、ワケギをあしらう。

**MEMO**

溶き卵は温めたかけ汁全体に広げるように手早く流し込む。半熟状になったら、すぐに火から外す。火にかけすぎないよう注意する。

## こづゆ（会津料理）

P.155

原52%　仕1日　注2分〜3分

### 材料（10皿〜15皿分）

- 干し貝柱 …… 50g
- 水 …… 2ℓ
- 干し椎茸 …… 3〜4個
- 里イモ …… 5個
- 人参 …… 大1本
- しらたき …… 200g
- キクラゲ（水に戻したもの） …… 50〜60g
- ちくわ …… 3本
- 豆麩 …… 25g
- 薄口醤油 …… 適量
- ギンナン（水煮したもの） …… 適量
- 三つ葉 …… 適量

### 作り方

**●仕込み**

1. 寸胴に干し貝柱と水を入れ、干し貝柱は前日から水に浸して、身をほぐしておく。
2. 干しシイタケは細かく刻んで①に加える。
3. 里イモはひと口大に切る。人参はイチョウ切り、しらたきは適当な大きさに切る。キクラゲは水に戻し、ひと口大に切る。
4. ③を鍋に入れて下茹でし、里イモのぬめりとしらたきの臭みを取る。
5. ②に水気を切った④を加えて煮立たせる。縦半分に切り、5㎜幅に切り揃えたちくわ、水に戻しておいた豆麩を加えて薄口醤油で味付けをする。
6. ⑤を常温で冷まし、保存容器に入れて冷蔵保存する。

**●提供**

7. 注文ごとに小鍋で⑥を温めて器に盛り、水煮にしたギンナンと刻んだ三つ葉をあしらう。

**MEMO**

干し貝柱と干し椎茸を前日から水に浸して戻し、その戻し汁をだし汁にする。里イモのぬめりとしらたきの臭みをとるため、下茹でをしっかりする。

## 肉豆腐

P.156

原35%　注5分〜10分

### 材料（1皿分）

- 豚バラ肉（スライス） …… 50g
- 豆腐（1.5㎝幅にカット） …… 1/3丁
- そばのかけ汁 …… 200㎖
- 長ネギ …… スライス3枚
- 卵黄 …… 1個
- 三つ葉 …… 適量

### 作り方

1. 土鍋にそばのかけ汁を入れて強火にかける。
2. 沸騰した①に豚バラ肉のスライスを一枚ずつ入れ、アクを取り除く。
3. ②に豆腐、長ネギを加えて煮る。
4. 土鍋を火から外して器にのせ、卵黄、三つ葉をあしらう。

**MEMO**

豚バラ肉を煮る際にアクをきれいに取ることでかけ汁が濁らず、汁のおいしさが生きる。

## 牛スジ煮込

P.157

原30%　仕1日　注5分

### 材料（20皿分）

- 牛スジ肉 …… 3kg
- ネギのだし
  - ┌長ネギの青い部分 …… 10〜15本
  - └水 …… 4ℓ
- 二番だし …… 1ℓ
- 薄口醤油 …… 200〜250㎖
- ワケギ …… 適量
- 白炒りゴマ …… 適量

### 作り方

**●仕込み**

1. ネギのだしをとる。鍋に半分にちぎった長ネギの青い部分、水を加えて強火にかける。色が変わるまで15〜20分間茹でる。
2. 圧力鍋に湯（分量外・牛スジ肉がひたひたになる量）、牛スジ肉を入れ、強火にかける。10〜15分間茹で、沸騰してアクが出たらザルに煮こぼす。
3. 流水を②に注ぎ、アクを洗い流す。
4. 牛スジ肉のアクを取ったら、洗った圧力鍋に入れる。圧力鍋の上にザルを置き、①のネギのだしを漉す。牛スジ肉がひたひたになるまで水（分量外）を加え、強火で沸かす。
5. 沸いたら、弱火にし、蓋をして30分間煮込む。常温でひと晩置く。
6. 翌日、表面に張った脂の膜を取り除き、寸胴鍋に移す。圧力鍋に二番だしを加え、鍋に残ったゼラチンを溶かし、寸胴鍋に加える。強火で沸かし、薄口醤油で味を調える。

**●提供**

7. 270㎖のレードルで⑥の牛スジの煮込みを1杯分すくい、鍋に入れて温める。沸いたら器に注ぎ、ワケギ、白炒りゴマをあしらう。

**MEMO**

ネギのだしはネギの色が変わったらすぐに湯から引き上げる。煮過ぎると臭みやエグミがでるので注意する。牛スジは水から沸かさず、沸騰した湯に入れることで肉の旨みを逃さず、煮込む。

## 天ぷら
### （才巻二本・穴子・野菜三品）

P.158

原 50%　注 6分

**材料**（1皿分）

| | |
|---|---|
| 才巻エビ | 2尾 |
| 穴子 | 1尾 |
| 野菜 | |
| 舞茸 | 5g |
| ナス | 1/8個 |
| シシトウ | 1本 |
| 薄力粉 | 適量 |
| 天ぷら衣 | 適量 |
| 揚げ油 | 適量 |

**作り方**

1 食材をそれぞれ下処理する。才巻エビは頭と背ワタを取る。身側の殻をむき、胸脚部分を外し、尾びれの先の部分を切り落とす。腹側に3ヵ所、庖丁で切れ目を入れ、筋を切る。舞茸は大きめに裂く。ナスは1/8にカットし、火を通しやすくするために皮側に格子状に切り目を入れる。
2 才巻エビは軽く身の全体に打ち粉をしてから、天ぷら衣に4～5回くぐらせ、均一に衣をつける。尾の部分を持ち、余分な衣を落としながら、190℃の油に横に倒すように勢いよく入れる。190～200℃の高温でレアから少し火を入れる程度に揚げる。胸脚部分は打ち粉をして180℃の油で素揚げする。
3 舞茸は打ち粉をして緩めの天ぷら衣をつけ、180～190℃の油でカリッと香ばしく揚げる。
4 ナスとシシトウは打ち粉をして緩めの天ぷら衣をつけ、170～180℃の油で揚げる。ナスは中がとろとろになるようにじっくり揚げる。シシトウは衣が揚がれば引き上げる。
5 穴子は打ち粉を身側にまぶす。濃いめの天ぷら衣をつけ、皮側を下にして勢いよく180℃の油に入れる。金箸で身側が内側になるように曲げながら190～200℃の高温で全体が黄金色になるまで揚げる。半分にカットする。
6 才巻エビ、野菜、穴子の順に提供する。

## 季節の天ぷら
### （白子・ワカサギ・野菜三品）

P.160

原 45%　注 6分

**材料**（1皿分）

| | |
|---|---|
| 白子 | 25g |
| ワカサギ | 4尾 |
| 野菜 | |
| カボチャ | 適量 |
| ペコロス | 1個 |
| レンコン | 適量 |
| 薄力粉 | 適量 |
| 天ぷら衣 | 適量 |
| 揚げ油 | 適量 |

**作り方**

1 食材をそれぞれ下処理する。カボチャとレンコンは1㎝幅に適当な大きさに切る。ペコロスは外皮をむいて端を切り落とす。
2 白子は水分が多い食材なので、細かなヒダの間までしっかりと打ち粉をまぶす。緩めの天ぷら衣をつけ、180℃より低い温度で揚げ、中までゆっくり火を入れる。高温で揚げると割れてしまうので注意する。
3 ワカサギは割れないように腹側に打ち粉をする。薄めの天ぷら衣をつけ、尾の部分を持ち、背側の衣を落とし、背側を下にして勢いよく180℃の油に入れる。180～200℃の高温で骨まで揚げる。
4 カボチャとレンコンは打ち粉をして薄めの天ぷら衣をつけ、170～180℃の油で揚げる。カボチャはじっくりと揚げて香ばしく仕上げる。レンコンはシャキシャキ感を無くさないように揚げる。
5 ペコロスは水をつけて打ち粉をし、濃いめの天ぷら衣をつけ、170～180℃の油でじっくりと揚げて甘みを引き出す。
6 ワカサギ、野菜、白子の順に提供する。

### ▶『蕎楽亭』の天ぷら

**【天ぷら衣】**
全卵1個に対して冷水400㎖の割合で合わせた卵水をボウルに注ぎ、冷蔵して冷やした薄力粉をふるって加えながら混ぜ合わせ、粘りを出さずに仕上げる。少量ずつ作って使用し、衣がだれるのを防ぐ。

**【揚げ油】**
揚げた後の上品な旨みのある太白ゴマ油とやわらかい仕上がりになる綿実油を同割にブレンドし、香りづけに大香ゴマ油を加えている。

**【塩】**
天ぷらは卓上の塩で食べてもらう。塩は藻塩に昆布だしを加えてフライパンで水分を飛ばし、擦って細かくしたものを使用。

# そば屋の
# 新しいつまみ137品

発行日　2016年3月1日　初版発行

編者　旭屋出版編集部《あさひやしゅっぱんへんしゅうぶ》

発行者　早嶋　茂
制作者　永瀬正人
発行所　株式会社　旭屋出版
〒107-0052
東京都港区赤坂1-7-19　キャピタル赤坂ビル8階
TEL　03-3560-9065（販売）
03-3560-9066（編集）
FAX　03-3560-9071（販売）
03-3560-9073（編集）
URL　http://www.asahiya-jp.com
郵便振替　00150-1-19572

デザイン　深谷英和（株式会社　BeHappy）

撮影　後藤弘行　曽我浩一郎（旭屋出版）
佐々木雅久　三佐和隆士　川隅知明
藤田晃史　山北 茜

取材　大畑加代子　駒井麻子　土橋健司

編集　北浦岳朗

印刷・製本　株式会社シナノ

定価はカバーに表示してあります。

落丁本・乱丁本はお取替えいたします。

ISBN978-4-7511-1184-0　C2077